ASPECTOS DA EXCEÇÃO NO DIREITO INTERNACIONAL

CONTRACORRENTE

NATHALIA PENHA CARDOSO DE FRANÇA

ASPECTOS DA EXCEÇÃO NO DIREITO INTERNACIONAL

São Paulo

2021

CONTRACORRENTE

Alameda Itu, 852 | 1º andar
CEP 01421 002
www.loja-editoracontracorrente.com.br
contato@editoracontracorrente.com.br

Editores

Camila Almeida Janela Valim
Gustavo Marinho de Carvalho
Rafael Valim

Equipe editorial

Coordenação de projeto: Juliana Daglio
Revisão: Marcelo Madeira
Revisão técnica: Lisliane Pereira
Diagramação: Denise Dearo
Capa: Maikon Nery

Equipe de apoio

Fabiana Celli
Carla Vasconcelos
Fernando Pereira
Lais do Vale

Dados Internacionais de Catalogação na Publicação (CIP)
(Câmara Brasileira do Livro, SP, Brasil)

França, Nathalia
Aspectos da exceção no direito internacional / Nathalia França. -- 1. ed. -- São Paulo : Editora Contracorrente, 2021.

ISBN 978-65-88470-14-5

1. Direito 2. Direito internacional I. Título.

21-59285 CDU-341

Índices para catálogo sistemático:

1. Direito internacional 341

Maria Alice Ferreira - Bibliotecária - CRB-8/7964

@editoracontracorrente
Editora Contracorrente
@ContraEditora

"Nihil huamni a me alienum puto".

(Nada do que é humano me é estranho).

Públio Terêncio Afro

SUMÁRIO

AGRADECIMENTOS

À minha mãe, Cristina, verdadeira heroína, pelo amor, incentivo e apoio incondicional em todas as minhas escolhas, por renunciar a tudo para que eu possa viver meu sonho.

Ao meu pai, Raimundo (*in memoriam*), onde quer que esteja, por ter sempre me amado, motivado e confiado em mim.

Ao professor Pedro Estevam Alves Pinto Serrano, orientador da presente dissertação e de inúmeras pesquisas, incentivador e inspiração acadêmica de sempre.

Aos professores Álvaro Luís Travassos de Azevedo Gonzaga, Willis Santiago Guerra Filho, Flávio Leão Bastos Pereira e Fernando Hideo Iochida Lacerda, pela honra de avaliarem meu trabalho e oferecerem apontamentos essenciais para seu aperfeiçoamento.

Aos professores Carlos Roberto Husek, Márcio Pugliesi, Rafael Valim, Georges Abboud, Márcio Cammarosano, Antonio Guimarães e Flávia Cristina Piovesan, pelos debates enriquecedores e pelo estímulo acadêmico.

À Biblioteca do Palácio da Paz e aos atenciosos Niels Van Tol, Monique Legerman e Candice Alihusain pela imensurável ajuda com as sugestões e consultas às obras.

À Academia de Direito Internacional de Haia, nas pessoas dos professores Jean-Marc Thouvenin, Yves Daudet e Antônio Augusto

Cançado Trindade, pelo acolhimento atencioso e pelo infindável conhecimento.

À gloriosa Pontifícia Universidade Católica de São Paulo, por, desde a graduação, ensinar-me a manter o espírito crítico, de resistência e de luta.

A todos aqueles que fizeram parte desta jornada, meus sinceros agradecimentos.

PREFÁCIO

A professora e pesquisadora Nathalia Penha Cardoso de França integra um grupo de brilhantes jovens juristas brasileiros, que decidiram dedicar a vida em defesa da democracia, do estado de direito e da paz. O Brasil e o mundo assistem a uma crescente de governos de extrema-direita, de ideais autoritários e de violações aos direitos humanos. Por isso, essa distinta geração é essencial para lutar contra o atual desmonte político-jurídico que afeta milhões de pessoas.

Este livro é fruto de anos de pesquisa acadêmica no Programa de Estudos Pós-graduados em Direito da Pontifícia Universidade Católica de São Paulo, sob minha orientação, dos aportes e recomendações feitos pela banca de qualificação, composta por mim e pelos professores Willis Santiago Guerra Filho e Álvaro de Azevedo Gonzaga, e das discussões sempre ricas do nosso Grupo de Pesquisa Sistema de Justiça e Estado de Exceção, que fundamos em 2018, e que a Nathalia notavelmente coordena desde a criação.

A autora toma como pressupostos, todos bem fundamentados, cuja lembrança é sempre válida, a anterioridade do Direito em relação ao Estado, a existência de um patamar mínimo irredutível de direitos individuais na seara internacional, o conteúdo moral político do direito internacional e a limitação historicamente reconhecida do conceito de soberania estatal. Essa construção jurídico-filosófica embasa os aspectos teóricos trazidos na obra.

Assim como no âmbito interno tenho denunciado há mais de quinze anos, com revisões e aprimoramentos teóricos, a existência de um movimento de edição de medidas excepcionais, seja pela administração, seja pelo sistema de justiça, por mim intitulado "Autoritarismo Líquido", alcança também o direito internacional. Isso porque, domesticamente, resta diluída a diferença entre democracia e ditadura, entre jurisdição e exceção, entre público e privado. A noção de cidadania se transforma sob uma ótica autoritária, as pessoas creem que ser cidadão é policiar o outro, é ter para si o papel do poder de polícia estatal, como vemos no discurso e nos recentes regulamentos armamentistas do atual Governo Federal.

A autora percebeu com atenção e primor que o mesmo ocorre nas relações interestatais, pois alguns países deixam de enxergar o direito internacional como um ramo jurídico emancipador dos seres humanos e protetor da igualdade material entre os Estados para usá-lo como instrumento de polícia internacional, sob pretexto de manter imaculada a segurança nacional, impor a democracia em outros países ou resgatar a proteção de direitos humanos.

Esses mecanismos que, pouco a pouco, fundaram um modo de atuação internacional endossado pelo neoliberalismo e pela extrema-direita são os mesmos que expõem a forma do autoritarismo, que talvez não tivesse outro modo de ser expresso tão claramente. Até mesmo o nazismo usava o discurso da democracia como homogeneidade e a ciência instrumental como fundamentação para o autoritarismo. Não se colocava como autoritário, mas como realizador do espírito do povo. O autoritarismo é muito eficiente em se esconder, e o papel da Academia é escancará-lo.

É esse o fenômeno que o inteligente e atualíssimo livro de Nathalia França explica com lucidez. França demonstra claramente como o estado de exceção, nessa vertente contemporânea, também está presente no âmbito jurídico internacional. O regime mundial de exceção é fruto de um processo global de redefinição de direitos humanos e de soberania, conceitos estrategicamente modificados para moldarem-se aos interesses privados de estados considerados partes do "norte global", sobretudo os Estados Unidos da América e as grandes potências europeias.

Desde o trágico acontecimento de 11 de setembro de 2001, esparsas medidas aviltantes de direitos no âmbito internacional passaram a se tornar recorrentes e patológicas, desmantelando mais de cinco décadas de universalização dos direitos humanos e de afirmação do direito internacional como um forte e atuante ramo do Direito. Guantánamo e o *Patriot Act*, trazidos à baila pela autora como marco temporal do autoritarismo líquido global, são claros exemplos de institucionalização da brutalidade. A lei autoriza o uso de tortura, suspende o direito à integridade física, permite detenções arbitrárias e mantém presos incomunicáveis se estiverem sob investigação de serem o inimigo eleito do momento: o terrorista, que pode nem o ser, mas cujo rótulo é dado ao migrante muçulmano. O mesmo aconteceu com leis antiterroristas na Europa.

A exceção internacional corrói por dentro as fundações e as bases do direito internacional, deslegitima a atuação de organismos e instituições democráticas, guarda tratamento jurídico aviltante de direitos por trás de um discurso protetor da segurança, dos direitos humanos e da democracia. Há, portanto, uma roupagem de legalidade na atuação externa de certos países, que não passa de palavrório pouco convincente, pois, em verdade, consiste em atos sucessivos e patológicos de agressão a esta mesma legalidade, de modo sistemático e estruturante.

Essa é a importância e a potencialidade do trabalho que Nathalia França submeteu à banca de defesa da sua dissertação de mestrado na PUC/SP, composta por mim e pelos professores Álvaro de Azevedo Gonzaga e Flávio de Leão Bastos Pereira, obtendo a mais elevada das classificações e a recomendação para a presente publicação. A essencialidade do estudo agora publicado é inegável, torna-se parte da formação de uma doutrina jurídica internacional adaptada aos problemas que a humanidade e os estados enfrentam.

Pedro Estevam Alves Pinto Serrano

Professor de Direito Constitucional e
Teoria Geral de Direito da Pontifícia Universidade
Católica de São Paulo

INTRODUÇÃO

Que internamente já vivemos medidas de exceção nos mais diversos países do globo, não há dúvidas. Estados lançam mão do argumento de sua soberania ilimitada no sentido doméstico para, aos poucos, esvaziarem o sentido das constituições progressistas do pós-guerra. Nesse sentido, já denunciaram Giorgio Agamben,[1] Pedro Serrano,[2] Rafael Valim,[3] no campo jurídico, e Marie Goupy,[4] no campo filosófico.

O que pretendemos debater a partir de agora é a existência do mesmo cenário no âmbito internacional, isto é, a suspensão de direitos e a quebra sistemática da ordem jurídica internacional em matéria de direitos humanos pelos seus atores mais fortes e influentes: os Estados Unidos, a maioria dos países da Europa e as grandes corporações.

Isso porque, usualmente, delega-se às relações jurídicas internacionais uma visão de caos insuficientemente organizado e dependente da boa

---

[1] AGAMBEN, Giorgio. *Estado de exceção*: homo sacer, II, 1. Tradução de Iraci D. Poleti. 2. ed. São Paulo: Boitempo Editorial, 2004.

[2] SERRANO, Pedro Estevam Alves Pinto. *Autoritarismo e golpes na América Latina*: breve ensaio sobre jurisdição e exceção. São Paulo: Alameda, 2016.

[3] VALIM, Rafael. *Estado de exceção*: a forma jurídica do neoliberalismo. São Paulo: Editora Contracorrente, 2017.

[4] GOUPY, Marie. "L'État d'exception, une catégorie d'analyse utile? Une réflexion sur le succès de la notion d'état d'exception à l'ombre de la pensée de Michel Foucault". *Revue Interdisciplinaire D'études Juridiques*, Bruxelas, vol. 79, n. 2, pp. 97-111, 2017.

vontade dos Estados para existir, manter-se e fazer-se cumprir. Essa confusão se dá pelo suposto fracasso do reconhecimento de que há, de fato, um Direito Internacional sólido que resolva pacífica e eficientemente conflitos, um sistema normativo internacional e um sistema de Estados soberanos, e que isso demonstra uma aparente contradição lógica entre, de um lado, a promoção da democracia, a proteção de Direitos Humanos e a segurança internacional, e, de outro, a não-intervenção.

Contudo, apesar da ausência de um "Estado Mundial", defendemos a existência de uma ordem jurídica internacional que imponha patamares mínimos de proteção humana, primordialmente no âmbito do Direito Internacional dos Direitos Humanos e do Direito Internacional Humanitário. Assim, se patologicamente violados por Estados político-economicamente poderosos, instala-se um regime de exceção no Direito Internacional.

Para tanto, no primeiro capítulo, iniciaremos analisando o conceito-chave para a atuação estatal na seara internacional: a soberania. Essa noção faz parte do discurso político-jurídico dos Estados. É uma "maneira de falar sobre o mundo, uma maneira de agir no mundo".[5] Por isso, estudaremos sua alteração de sentido e alcance durante os séculos, desde Marsílio de Pádua até o debate entre Carl Schmitt e Hans Kelsen, no anseio de demonstrar que não mais comporta guarida defender a ilimitação e a absolutez de sua aplicação.

No segundo capítulo, perpassaremos pelo que decidimos intitular *teoria da exceção*, desde o primeiro estado de exceção reconhecido como tal, de Luís Bonaparte, até as medidas de exceção sutis e cirúrgicas que estão inseridas no contexto democrático e com roupagem de legitimidade, mas que esvaziam o cerne da proteção humana da mesma maneira. Para isso, analisaremos os aspectos mais relevantes do Segundo Império Francês a partir do "18 de brumário" de Karl Marx, a obra de Carl Schmitt e a sua influência protagonista no nazifascismo, a crítica

[5] "[A] way of speaking about the world, a way of acting in the world". CAMILLERI, Joseph; FALK, Jim. *The end of sovereignty*: the politics of a shrinking and fragmenting world. Cheltenham; Northampton: Edward Elgar, 1992, p. 11.

atual de Giorgio Agamben, bem como o que temos de mais atualizado na *teoria da exceção*: os apontamentos sobre o autoritarismo líquido de Pedro Serrano, no campo jurídico, e de Marie Goupy, no campo filosófico.

No terceiro capítulo, teremos a defesa do patamar mínimo universal de Direitos Humanos, requisito indispensável para o suporte de uma *teoria da exceção* aplicada ao Direito Internacional. O conceito de pessoa humana preconizado por Paulo de Tarso permitiu a secularização desse conceito para o jusnaturalismo, na oportunidade trazido em Hugo Grotius e Immanuel Kant, e a subsequente vastidão teórica em salvaguarda dos Direitos Humanos e de sua universalidade, ancorados em Antônio Augusto Cançado Trindade, Flávia Piovesan e Fábio Konder Comparato.

Por fim, no quarto capítulo, passamos à crítica principal do presente trabalho. Exploraremos a conceituação de Império em Antonio Negri e Michael Hardt como leitura importante da atualidade jurídica internacional, sustentaremos que o uso de artifícios de guerra são formas de suspender direitos disfarçadas de intervenção justa, tal como demonstraremos que tais ações, por apresentarem um pretexto humanitário-democrático, mas uma real intenção nefasta, configuram medidas de exceção ao Direito Internacional.

Capítulo I

GENEALOGIA DA SOBERANIA

Neste primeiro capítulo, pretendemos analisar um conceito indispensável e fundamental para o desdobramento do tema da exceção. A soberania será estudada enquanto ideia política em Marsílio de Pádua, Jean Bodin, Nicolau Maquiavel, Thomas Hobbes, John Locke, Immanuel Kant, Hans Kelsen e Carl Schmitt.

Genealogia, na linguagem não-biológica, significa origem, fonte ou derivação. Almejamos, assim, demonstrar as mudanças temporais e ideológicas do conceito de soberania supracitado a partir dos autores referidos.

O termo soberania, segundo Krasner,[6] tem sido utilizado de três maneiras diferentes: soberania internacional; soberania de Vestfália e soberania interna ou doméstica. A soberania internacional refere-se às práticas associadas ao reconhecimento mútuo, geralmente, entre entidades territoriais que possuem independência jurídica formal.

> *The basic rule of international legal sovereignty is: recognize juridically independent territorial entities. Once a territory is recognized – that is,*

---

[6] KRASNER, Stephen. "The Hole in the Whole: Sovereignty, Shared Sovereignty, and International Law". *Michigan Journal of International Law*, vol. 25, n. 4, 2004, p. 1077.

> *acknowledged by others to be a state – it has the right to enter into any agreement it chooses.*[7]

Já a soberania de Vestfália refere-se à organização política baseada na exclusão de atores externos das estruturas de autoridade dentro de um determinado território, ou seja, diz Krasner que a característica principal é a não-intervenção e a igualdade no plano internacional.[8]

Por fim, a soberania interna ou doméstica refere-se à organização formal da autoridade política dentro do Estado e ao exercício do controle efetivo dentro das fronteiras pelo poder público.

O exercício de um tipo de soberania, por exemplo, a soberania internacional, pode minar outro tipo de soberania, como a de Vestfália, se os governantes de um Estado entrarem em um acordo que reconheça estruturas de autoridade externa ou uma base jurídica internacional de proteção aos direitos humanos. Esta obra pretende discutir com maior afinco as soberanias internacional e de Vestfália, tecendo considerações sobre a soberania interna quando for pertinente à argumentação.

Desde já afirmamos a crença de que a soberania dos tempos presentes é teórica e juridicamente limitada em virtude da proteção do ser humano, não permitindo que os Estados atuem irrestritamente, conforme se desenvolverá ao longo do livro.

Como denuncia Krasner, o conceito de soberania é utilizado da maneira que convém aos Estados política e economicamente influentes, mitigando-a sobretudo sob o pretexto de promover os direitos humanos: "The major Western powers want fully sovereign states (...) but are at

---

[7] KRASNER, Stephen. "The Hole in the Whole: Sovereignty, Shared Sovereignty, and International Law". *Michigan Journal of International Law*, vol. 25, n. 4, 2004, p. 1077.

[8] "The basic rule of Westphalian (...) sovereignty is: do not intervene in the internal affairs of other states. Each state has the right to independently determine its own institutions of government". KRASNER, Stephen. "The Hole in the Whole: Sovereignty, Shared Sovereignty, and International Law". *Michigan Journal of International Law*, vol. 25, n. 4, 2004, p. 1077.

the same time prepared to violate the domestic autonomy of those states to protect and promote the rights of minorities".[9]

Há, recentemente, uma estranha fixação em reafirmar características há muito tempo abandonadas do conceito de soberania, a exemplo do incondicionamento de sua atuação. É de extremo valor, portanto, analisar a proveniência e a respectiva transformação do conceito de soberania nesse primeiro momento.

1.1 SOBERANIA E PLENITUDE DO PODER

As dificuldades de uma avaliação histórica exata, raramente, podem ser tão bem ilustradas quanto no caso do filósofo político do século XIV aqui trazido. É altamente improvável que apenas um filósofo, cuja fama repousa sobre a sua maior obra, o *Defensor pacis* (Defensor da Paz), possa ser compreendido e interpretado de maneira totalmente contraditória.

Por um lado, afirma-se que Marsílio de Pádua (1275-1343) não tem nada de novo a oferecer em um sentido político, mas está "expressando, mesmo em termos drásticos e não qualificados, o julgamento e a prática normais da Idade Média".[10] Por outro lado, diz-se também que ele é "uma das poucas figuras verdadeiramente revolucionárias na história da filosofia política; e os efeitos e os problemas da revolução que ele propôs ainda estão conosco".[11] Tais julgamentos divergentes são típicos de todo o campo da crítica marsiliana.

Seja qual for a interpretação, no entanto, os teóricos políticos e, especialmente, os estudiosos das relações Igreja-Estado encontraram em Marsílio de Pádua um pensador consistente e de grande valia. Tentar analisar cada detalhe do seu pensamento quanto às suas raízes históricas

[9] KRASNER, Stephen. *Problematic sovereignty*: contested rules and political possibilities. Nova York: Columbia University Press, 2001, p. viii.

[10] CARLYLE, A. J.; CARLYLE, Robert W. *A history of political theory in the west*. vol. 3. Edinburgh: William Blackwood & Sons, 1963, p. 9. *Tradução livre.*

[11] GEWIRTH, Alan. *Marsilius of Padua*. vol. 2. New York: Columbia University Press, 1951, p. ix. *Tradução livre.*

e às suas consequências é uma possibilidade de abordagem, enquanto vislumbrar a ampla estrutura de sua doutrina e, tão somente, apontar seu esqueleto lógico básico, é outra. O presente tópico pretende realizar a segunda abordagem.

Entre o fim do século XII e o fim do século XIV, o pensamento político sofreu mudanças quanto ao reconhecimento do poder da Igreja e de sua relação com o Estado.[12] Três foram as mais relevantes ideias em discussão. A primeira era a *plenitudo potestatis*, a plenitude do poder originalmente desenvolvida pelo papado e usada sistematicamente pelos papas, bem como por governantes no século XIII. A segunda foi *pro ratione voluntas*, a noção de que a vontade do governante era considerada razão, imposta a todos como tal. A terceira, por fim, foi a distinção entre *potestas absoluta* e *potestas ordinaria*, ou seja, a fenda entre o que era poder absoluto e o que era apenas poder ordinário do governante.[13]

A preocupação mais clara de Marsílio era a plenitude do poder papal, ideia intelectualmente combatida no *Defensor pacis,* através do que podemos apontar como a questão da soberania. Esse tema, apesar de não ser o único em sua obra, é o que fornece a direção fundamental do pensamento do filósofo.

Poder é um termo que possui uma grande gama de significados, principalmente em diferentes idiomas. Marsílio utiliza *potestas* com uma ampla variedade de sentidos, desde coerção até mera capacidade. Quando trata dos poderes dos sacerdotes, por exemplo, utiliza-se do termo *potestas*, mas tais poderes não são jurisdicionais ou coercitivos.

Marsílio rejeita qualquer plenitude de poder sacerdotal e nega que os bispos possam escolher livre e arbitrariamente os sacerdotes. Isso porque, ele estabelece que o papado é o arquetípico manejador do poder coercitivo da época.

---

[12] CANNING, Joseph. *A history of the medieval political thought 300-1450.* Londres; Nova Iorque: Routledge, 1996, pp. 135-137.

[13] "[t]he distinction between the *potestas absoluta* and the *potestas ordinaria* is one between the theory and the practice of the ruler's power". WILKS, Michael. *The problem of sovereignty in the later middle ages*: the papal monarchy with Augustinus Triumphus and the Publicists. Cambridge: Cambridge University Press, 2008, p. 441.

O principal argumento é que o poder coercitivo estava nas mãos erradas. O filósofo não se opôs ao exercício do poder coercitivo como tal, afinal, segundo suas convicções, era absolutamente necessário para o bom e efetivo governo da sociedade. Contudo, tentou demonstrar que o poder coercitivo era a espinha dorsal do governo legítimo e que seu correto uso pelas pessoas certas era o caminho para alcançar a paz.

O que deveria ser o sacerdócio, de fato, é um exemplo de pobreza, de resiliência, e do ensino pela palavra e pelo exemplo, jamais pela força. Assim, colocou o exercício do poder coercitivo nas mãos do governante – o qual intitula *legislador humano* –, fosse apenas um, alguns ou muitos (um imperador, um rei, um grupo restrito ou a sociedade).

A lei que dele emana, por conseguinte, pode ser considerada de duas maneiras:[14] em si mesma, ao demonstrar apenas o que é justo e o que é injusto, benéfico ou prejudicial, legal ou ilegal – a ciência da doutrina do direito (*iuris*); ou um comando coercitivo que se utiliza da punição ou da recompensa. Lei, em ambos os casos, é uma ordenança feita por prudência política, pelos humanos para os humanos, desprovida de qualquer inspiração divina e, só assim, seria possível manter a sociedade política unida para alcançar o bem comum.

Marsílio recorre a Aristóteles e à sua comparação da comunidade política como organismo vivo para dizer que a paz é a boa disposição das partes da comunidade política, a relação entre as suas partes é a saúde, bem como a intranquilidade é a doença. Afirma que, sem a existência da sociedade civil, os homens caminhariam para a sua própria destruição, já que só o poder organiza os mecanismos de sobrevivência do ser humano na sociedade civil.

---

[14] "And understood in this sense, law can be considered in two ways: in one way, simply in itself, so that it does no more than give an indication of what is just or unjust, advantageous or harmful; and as such it is called the science or doctrine of right. In a second way it can be considered inasmuch as a command is given in respect of its observation, which coerces by means of penalty or reward meted out in this world; or inasmuch as it is handed down by way of such a command. And considered in this way it is most properly called, and most properly is, law". PADUA, Marsilius of. *The defender of the peace*. Cambridge: Cambridge University Press, 2005, p. 53.

Conforme diz Raquel Kritsch: "[u]ma das condições da paz, procurava mostrar Marsílio de Pádua, era a limitação das pretensões de plenitude de poder em assuntos temporais reivindicada pelo papado",[15] e continua, "[p]ara tanto, era necessário um poder único que tivesse sido organizado para o fim de reger a comunidade, sem contrariar com isso as leis divina e natural".[16]

Seu conceito de soberania, portanto, contribuiu grandemente para a laicização do Estado e do poder, numa antecipação da modernidade política, construída a partir do século XV. No modelo de poder civil defendido pelo filósofo, a soberania é caracterizada como o poder proveniente do conjunto dos cidadãos e que impera acima de cada um deles individualmente. Além disso, esta unidade de poder soberano, na obra *Defensor pacis*, está vinculada a um reino específico, isto é, o poder atua através da jurisdição num determinado território.

1.2 SOBERANIA COMO PODER ABSOLUTO E LIMITADO

Na Europa da Idade Média e da Renascença, não havia um discurso unificado sobre a soberania. Os feudos possuíam organismos dispersos de poder, o qual caracterizava uma soberania hierarquizada, principalmente no domínio do senhor sobre suas terras e sobre as pessoas presentes no seu território, bem como o complexo poder religioso.

Assim, tendo em vista a imprecisão de seu uso, o termo soberania era mais evidente apenas em casos de ameaças externas. Em guerra, por exemplo, as forças dispersas e descentralizadas se uniam contra o estrangeiro.

Foi a transformação da realidade feudal que resultou justamente na concentração e na unificação do poder em um único ponto: o soberano, o qual assumiu a incumbência de resguardar a paz interna e a segurança

---

[15] KRITSCH, Raquel. *Soberania*: a construção de um conceito. São Paulo: Humanitas/FFLCH/USP, 2002, p. 497.

[16] KRITSCH, Raquel. *Soberania*: a construção de um conceito. São Paulo: Humanitas/FFLCH/USP, 2002, p. 500.

externa do seu reino. Para que não comprometesse o poder central, toda oposição interna era combatida e, como consequência, as forças armadas tornaram-se privativas do soberano, servindo à concentração de poder.

No início do século XVII, observa-se uma alteração no conceito de Estado justamente pelas novas formulações sobre a soberania, agora centrada na indivisibilidade do poder. Isso se dá principalmente no fim da Guerra dos Trinta Anos, em 1648, com a Paz de Vestfália, consagrando o princípio da inviolabilidade da soberania nas relações entre Estados. Com isso, cada Estado tinha o direito de manter o seu regime, a sua religião e o seu direito de não-intervenção nos assuntos internos.

O amadurecimento desse debate deu-se na ocasião da Reforma Protestante, quando da tese defendida por Lutero, a de separação entre os poderes seculares e religiosos, substituiu a ideia de autoridade religiosa universal pela de poder secular fundado na primazia do princípio da soberania.

Desde Maquiavel, no século XIV, aparece a noção de soberania territorial. Conforme veremos, ao sustentar que o governante deve defender sua autoridade sobre seus domínios, sendo o responsável pelo bem-estar da unidade política a qualquer custo. Em *O príncipe*, Maquiavel rompe com os limites que as leis divina e moral impunham aos governantes, colocando o príncipe livre dos vínculos jurídicos e morais.

Contudo, a primeira exposição mais sistemática do conceito de soberania, no âmbito do Estado moderno, é em Jean Bodin (1530-1596). Nos *Seis livros da República*, de 1576, Bodin procura esclarecer a afinidade entre soberania e Estado, articulando que a soberania é o poder absoluto e perpétuo, que é próprio do Estado,[17] tal como afirma em célebre frase que: "[a] soberania é o poder absoluto e perpétuo de uma República".[18]

Soberania, em Bodin, portanto, é caráter fundamental do Estado, e seu único limite é a lei natural e divina. Isso rompe com o pensamento

---

[17] BODIN, Jean. *The six books of a Commonwealth*. Londres: Impenfis G. Bishop, 1606, cap. VIII.

[18] BODIN, Jean. *Les six livres de la République*. Paris: Jacques du Puy, 1576, p. 179.

medieval, que vê na origem do poder do rei uma atribuição da comunidade, atribuindo originalidade ao poder soberano. Disse o autor:

> Se dizemos que tem poder absoluto quem não está sujeito às leis, não se encontrará no mundo príncipe soberano, posto que todos os príncipes da terra estão sujeitos às leis de Deus e da natureza e às leis humanas comuns a todos os povos. E, ao contrário, pode ocorrer que um dos súditos se encontre dispensado e isento da autoridade das leis, ordenanças e costumes de sua República e, nem por isto, será príncipe soberano. (...) É necessário que quem seja soberano não se encontre de modo algum submetido ao império de outro e possa dar a lei aos súditos e anular as leis inúteis; isto não pode ser feito por quem está sujeito às leis ou a outra pessoa. Por isso, diz-se que o príncipe está isento da autoridade das leis. O próprio termo latino lei implica o mandato de quem detém a soberania.[19]

Bercovici aduz que, em Bodin, o soberano encontra limite nas leis fundamentais do Reino, na lei divina e na lei natural, mas não deixa de ser soberano. "O poder absoluto e ilimitado do soberano não é uma contradição, segundo Spitz, mas dois aspectos do mesmo sistema político: o aspecto absoluto do poder é determinado pelo seu caráter limitado".[20]

A soberania é justificada na sua origem divina, e o soberano tem o direito de exercê-la de maneira perpétua. O contexto hermenêutico dos *Seis livros da República* mostra que a soberania foi usada para colocar o governante no ápice da pirâmide de autoridade. Assim, o soberano gozava do poder mais supremo na estrutura organizacional hierárquica da sociedade,[21] livre de qualquer influência temporal.

Já em Carl Schmitt há a percepção de que o pensamento de Bodin apontava para a prevalência da decisão para definir e constituir o

---

[19] BODIN, Jean. *Les six livres de la République*. Paris: Jacques du Puy, 1576, pp. 190-191. *Tradução livre.*

[20] BERCOVICI, Gilberto. *Soberania e constituição*: para uma crítica do constitucionalismo. São Paulo: Quartier Latin, 2013, p. 66.

[21] CARREAU, Dominique. *Droit international*. Paris: Pedone, 2001, p. 15.

ordenamento jurídico, ou seja, a consideração do soberano como aquele que exerce autoridade final dentro do território e sobre uma comunidade política, de forma absoluta. O grande impacto de Bodin à teoria jurídica, de acordo com Schmitt, é justamente pelo fato de ter inserido a decisão no conceito de soberania, tornando o autor indispensável sempre que falarmos sobre o tema.

1.3 SOBERANIA COMO PODER ABSOLUTO E ILIMITADO

Apesar da cronologia histórica sugerir a análise de Maquiavel antes de Bodin, as ideias políticas do primeiro, acerca da soberania, alinham-se, sobretudo, com as de Hobbes, motivo pelo qual os trataremos na mesma oportunidade.

As formulações de Nicolau Maquiavel (1469-1527) sobre o poder encontram-se principalmente nas obras *O Príncipe* e *Discursos sobre a primeira década de Tito Lívio*. Nessas obras, Maquiavel trata das atribuições próprias do príncipe e das repúblicas em dois objetivos típicos da atividade política: a manutenção do poder e a manutenção da liberdade.

Maquiavel enfatiza a circunstancialidade do exercício do poder e, com isso, permite que a reflexão sobre a soberania se dê com a compreensão das condições do exercício do poder, e não com base nas condições jurídicas para sua realização. A razão de Estado é modo específico da soberania, e esta é desvinculada de fundamentações jurídicas que a condicionem.

Se há limites para o exercício da soberania, eles serão decorrentes tão somente das vicissitudes da *fortuna* – termo que Maquiavel interpreta como sorte, acaso, por vezes, favorável e, por outras, desfavorável, relembrando a deusa romana da sorte. Nesse sentido, explica o filósofo:

> Às vezes, pensando nisso, eu mesmo em parte me inclinei a essa opinião. Entretanto, para que nosso livre-arbítrio não se anule, penso que se pode afirmar que a fortuna decide sobre metade de nossas ações, mas deixa a nosso governo a outra metade, ou quase. Comparo-a a um desses rios devastadores que, quando se

> enfurecem, alagam as planícies, derrubam árvores e construções, arrastam grandes torrões de terra de um lado para outro: todos fogem diante dele, todos cedem a seu ímpeto sem poder contê-lo minimamente. E, como eles são feitos assim, só resta aos homens providenciar barreiras e diques em tempos de calmaria, de modo que, quando vierem as cheias, eles escoem por um canal ou provoquem menos estragos e destruições com seu ímpeto. Algo semelhante ocorre com a fortuna, que demonstra toda sua potência ali onde a virtude não lhe pôs anteparos; e para aí ela volta seus ímpetos, onde sabe que não se construíram barreiras nem diques para detê-la.[22]

Uma "soberania aberta" como a de Maquiavel, já que é desprendida de fundamentações jurídicas que a condicionem, é assumida pelo seu titular concretamente considerado e é blindada contra a interferência de sobredeterminações vindas do mundo da razão. Assim, não se baseia em uma ideia substancial de povo e nem é orientada por determinações históricas. O príncipe não tem virtudes nem ideias, apenas *virtú*, o atributo técnico do exercício do poder.

É a submissão das ideias ao real, e não o contrário. A soberania sob uma lógica dos efeitos coloca Maquiavel nos teóricos da razão de Estado, mas subsidia a imaginação de uma soberania aberta.

Em Maquiavel, o que resume a discussão sobre a soberania é que a limitação prática do poder do príncipe confronta-se com a sua ilimitação hipotética. Afastado o lastro divino, que até aquela época justificava e era o único limite ao poder dos reis, abriu-se o conceito de soberania para que o príncipe tivesse aparentemente uma ação expandida. O príncipe não mais se subordina à vontade divina, como em Bodin, mas se utiliza dela como expediente possível de legitimação de suas ações.

Contudo, o mesmo aspecto que traz a liberdade e a ilimitação teórica do poder do príncipe é o mesmo que, na prática, torna-o limitado e precário. O poder não é mais subsidiário de um poder maior,

---

[22] MAQUIAVEL, Nicolau. *O príncipe*. São Paulo: Penguin Classics Companhia das Letras, 2010, p. 131.

anterior e superior, mas tão somente decorrência de atributos pessoais do governante, como poder mobilizar exércitos, armas, causar terror e ser admirado.

O poder do soberano, portanto, é ilimitado, já que não é amparado por Deus, mas precário na sua legitimação pela mesma razão. Por isso, o poder do príncipe, em Maquiavel, é algo aberto. Do ponto de vista prático, ele tenta estabelecer marcos concretos capazes de orientar o príncipe na sua saga pela manutenção do poder. Limitações práticas são as que a história ensina aos que dela se servem para aprender a governar.

> A ideia de que "todo poder vem de Deus" perde capacidade explicativa e abre-se para formulações, primeiro, naturalistas/ metafísicas, em seguida, substancialistas em relação ao caráter particular do povo que funda a ordem pública. A dualidade da soberania nos coloca, de um lado, a representação da ilimitação, da transcendência e da liberdade; do outro extremo, com sua fonte no povo, temos os elementos da limitação, da imanência e da necessidade. As diversas formulações de soberania em disputa aplicarão ênfases distintas a cada um desses lados, formulando teorias da soberania mais "autoritárias" ou mais "democráticas", sem, contudo, prescindir de elementos do lado oposto.[23]

O príncipe, portanto, goza de uma zona de liberdade formal e tem por finalidade a manutenção de seu poder a qualquer custo, mas também há limitações substantivas, em razão do aprendizado histórico e das circunstâncias do povo que está sob seu domínio.

Soberania, em Maquiavel, é concretamente limitada pelas circunstâncias – *fortuna* – enquanto o conceito de *virtú* faz referência aos atos do soberano, agora não mais livres, pois o príncipe que age em desenfreada liberdade e não dispõe de *virtú* tem seus dias contados.

---

[23] RIBEIRO, Gustavo Cezar. *Bodin, Maquiavel, Hobbes e as formulações originárias da soberania.* 39º encontro anual da ANPOCS. GT39 Teoria Política e Pensamento Político Brasileiro – normatividade e história. Disponível em: http://www.anpocs.com/index.php/papers-39-encontro/gt/gt39/9813-bodin-maquiavel-hobbes-e-as-formulacoes-originarias-da-soberania/file. Acesso em: 03 mar. 2019, p.11.

Ainda no sentido de manutenção do poder a todo custo, entramos em Hobbes, cuja teoria não considera limite algum ao poder soberano. O Estado, na sua concepção, não separa as esferas pública e privada, pois a esfera privada se dissolve na pública quando da constituição do Estado, em razão da relação de domínio que une o soberano aos súditos. Apesar da clareza desse pensamento, Hobbes afirma que as leis não foram inventadas para reprimir a iniciativa individual, mas para discipliná-la.

Thomas Hobbes (1588-1679) enfatiza, principalmente, nas obras *Do cidadão*, de 1642, e no *Leviatã*, de 1651, que o principal elemento da soberania é a força. O único que detém o monopólio do uso da força é o soberano, pois é o único que dispõe das condições de impor comportamentos à coletividade. Assim, enfatiza que "os pactos sem a espada não passam de palavras, sem força para dar qualquer segurança a ninguém".[24]

Hobbes indica que o objetivo da existência do Estado é garantir a condição de paz e segurança, e, por isso, o ente detém o direito de punir. É "confiado ao soberano o direito de recompensar com riquezas e honras, e o de punir com castigos corporais ou pecuniários, ou com a ignomínia, a qualquer súdito".[25]

A finalidade das penas não é a vingança, mas o terror. Esse Leviatã que provoca medo, em especial aos mais vulneráveis, existe sob a justificativa de que vivemos com a necessidade de que o Estado nos promova a segurança em meio ao caos. Busca essa paz a qualquer custo, especialmente ao custo de vidas.

Procurando constituir uma ciência política baseada na razão e na descrição correta da natureza humana, Hobbes soube examinar os vínculos que unem o medo original dos homens e a demanda por segurança. Isso, segundo o filósofo inglês, está na raiz da constituição dos Estados.

---

[24] HOBBES, Thomas. *Leviatã ou Matéria, forma e poder de um estado eclesiástico e civil.* São Paulo: Abril Cultural, 1979, p. 103.

[25] HOBBES, Thomas. *Leviatã ou Matéria, forma e poder de um estado eclesiástico e civil.* São Paulo: Abril Cultural, 1979, p. 111.

Nesse sentido, o soberano se estabelece por consentimento mútuo, já que todos têm o desejo de fugir da instabilidade imposta pela natureza. Ou seja, Hobbes apoia-se sobre um estudo da natureza humana para encontrar os fundamentos do contrato social, constituindo uma compreensão da vida política que acaba em definitivo com a ideia bodiniana de que o poder temporal encontra fundamentos em uma ordem transcendente.

A célebre frase de Hobbes, "o homem é o lobo do homem", demonstra que o estado de natureza é o caos em sentido absoluto, razão pela qual o Estado deve ser criado para conter à força os ímpetos destrutivos dos seus súditos. Sem Estado, não há paz e o soberano tudo decide. A manutenção do Estado é a prioridade dele mesmo, não o é a garantia de direitos.

> ***4. Um poder coercitivo é requisito para dar-nos segurança.***
> Não é suficiente, para alcançar essa segurança, que cada um dos que agora erigem uma cidade convencione com os demais, oralmente ou por escrito, não roubar, não matar e observar outras leis semelhantes; pois a depravação da natureza humana é manifesta a todos, e pela experiência se sabe muito bem, bem demais até, em que pequena medida os homens se atêm a seus deveres com base na só consciência de suas promessas, isto é, naquilo que resta se for removida a punição.[26]

Da mesma forma, o soberano não se vincula ao contrato social. Ele detém o mando supremo da cidade e todos os seus atos são livres, não passíveis de punição pelo contrato que ele mesmo firmou com os súditos. Em Hobbes, primeiro há o Estado, na pessoa do soberano escolhido, depois é fundado o Direito, que não o sujeita.

> [C]onsiderando-se que cada cidadão submeteu sua vontade a quem possui o mando supremo na cidade, não podendo então empregar sua força contra ele, segue-se, evidentemente, que tudo

26 HOBBES, Thomas. *Do cidadão*. São Paulo: Martins Fontes, 1998, p. 103.

> o que este cometer está a salvo de punição. Pois, assim como quem não tem força suficiente não pode puni-lo naturalmente, quem não tem direito suficiente não pode puni-lo legitimamente.[27]

Ainda em *Do cidadão*, Hobbes defende que o poder do soberano é supremo e absoluto, limitado apenas pelas forças da própria cidade, "e por nada mais no mundo".[28] Justifica que, se o poder do soberano fosse limitado, essa limitação necessariamente deveria proceder de algum poder maior, e, em sua concepção, o afastamento homem-Deus já havia acontecido.

Numa visão hobbesiana, é, de fato, o Estado que deve proteger os direitos, manter a ordem e a paz. Portanto, sem uma ordem superior, os Estados, quando das relações internacionais, não há quem assegure o respeito aos seus direitos, devendo eles próprios defendê-los. Como diz Raymond Aron, "Hobbes conta com o poder absoluto para obrigá-los a viver em paz. Não concebe explicitamente a natureza entre os Estados porque entre estes o estado de natureza subsiste ainda".[29] Paz universal seria sinônimo de Estado universal.

Quem, como pressuposto da visão hobbesiana, recorre a Montesquieu para relembrar que os homens, ao se reunirem em sociedade, esquecem sua fraqueza, fazem sumir a igualdade e começar o estado de guerra, deve igualmente entender que esse acontecimento também ensina a limitar a tirania pelo equilíbrio dos poderes e a moderar as guerras. Assim, podemos fazer a leitura de que, em Hobbes, é através do Estado e do soberano com ilimitação do poder que controlamos o "ímpeto belicoso" natural do homem.

1.4 SOBERANIA COMO PODER ANCILAR AO DIREITO

Numa continuidade histórica do estudo sobre o Estado, John Locke procura refletir sobre uma das questões centrais da modernidade

---

[27] HOBBES, Thomas. *Do cidadão*. São Paulo: Martins Fontes, 1998, p. 108.

[28] HOBBES, Thomas. *Do cidadão*. São Paulo: Martins Fontes, 1998, p. 114.

[29] ARON, Raymond. *Paz e guerra entre as nações*. Brasília: Editora Universidade de Brasília, Instituto de Relações Internacionais; São Paulo: Imprensa Oficial do Estado de São Paulo, 2002, p. 436.

político-jurídica, isto é, de que maneira conciliar legitimamente a dimensão dos direitos da liberdade pessoal com o bem da comunidade e o governo legítimo. Assim, pretende analisar como conciliar indivíduo e comunidade, pluralidade de interesses e bem comum, sem que uma se subordine à outra.

Já podemos vislumbrar em Locke um esboço da tradição do constitucionalismo democrático, também presente em Rawls[30], com a tese de que um governo legítimo tem de se apoiar na conciliação entre os direitos individuais fundamentais e a soberania popular para promover o bem comum de uma comunidade de indivíduos livres e iguais que cooperam entre si.

John Locke (1632-1704) não se utiliza do termo de Hobbes, "soberano", e tem sido afirmado que, na medida em que ele baliza e subdivide os poderes do governo, seu argumento é dirigido contra a verdadeira ideia de soberania, ao menos no seu sentido interno.[31] Mas é claro que, embora tenha rejeitado a arbitrariedade do soberano de Hobbes, ele segurou um elemento essencial no conceito de soberania, a supremacia da autoridade de quem faz as leis. Locke afirma claramente que o legislativo deve ser o poder supremo, "e todos os outros poderes, pertençam eles a uma subdivisão da sociedade ou a qualquer um de seus membros, derivam dele e lhe são subordinados".[32] O que ele realmente pretendia era que a soberania estivesse sujeita à lei moral.

O filósofo considera o contrato social um pacto que se forma na própria natureza humana, pelo qual há o reconhecimento de direitos das pessoas. Diferentemente de Hobbes, em Locke, o Estado surge posteriormente, como um instrumento para realizar o contrato social originário. Assim, caso o soberano se oponha ao contrato social originário, ao qual é submisso, cabe ao cidadão a resistência legítima.

---

[30] RAWLS, John. *Lectures on the history of political philosophy*. Cambridge; Londres: Harvard University Press, 2007.

[31] FIGGIS, John Neville. *The divine right of kings*. Cambridge: Cambridge University Press, 1914, p. 242.

[32] LOCKE, John. *Segundo tratado sobre o governo civil e outros escritos*. Petrópolis: Vozes, 1994, p. 174.

Locke traçou algumas balizas da organização do poder político, segundo o princípio da separação de poderes. O *Segundo tratado sobre o governo civil*, de 1690, mostra que, assim como Hobbes, Locke parte do estado de natureza e do contrato social, mas procura desenhar uma limitação humana do poder.

Em caso de conflito, prevalece a soberania legislativa, isto é, da comunidade. John Locke motiva, dessa forma, o parlamento inglês. O governo legítimo deve ser baseado no consentimento, pois crê que o ser humano é livre e independente, e, o sendo por natureza, ninguém pode ser expulso de um Estado e se tornar sujeito ao poder político de outro sem o seu consentimento.

As convicções de Locke realizaram-se na prática política, já que ele pregava o antiabsolutismo, a contenção e a limitação da autoridade pelo consentimento do povo e pelo direito natural. Ou seja, a eliminação do risco do autoritarismo e do arbítrio. O *Segundo tratado sobre o governo civil* menciona a origem, a extensão e o fim do governo civil. Os direitos naturais do indivíduo deveriam, então, opor-se aos abusos do poder, protegendo o ser humano que decidiu se reunir em sociedade.

Em Locke, uma autoridade sem restrições ou limites não tem razão pela qual não se tornar tirana. Ao justificar as ideias de Locke sobre o poder soberano, Neil Walker afirma: "*Moreover, an omnipotent authority would raise even more serious concerns. Any sovereign powerful enough to rule by might alone would have no incentive not to be so tyrannous as to make the uncertainty of a sovereignless world more preferable to the certainty of oppression*".[33]

Isso se dá porque, diferente de Hobbes, para o qual o estado de natureza é o puro caos, horrendo e ameaçador, em Locke esse ponto pré-ordem política unificada é tão somente dotado de instabilidade. O Estado, portanto, é fruto do pacto social que os cidadãos fazem para que convivam em maior segurança. Primeiro vem o Direito, depois, o Estado.

---

[33] WALKER, Neil. *Sovereignty in transition*. Cambridge: Cambridge University Press, 2003, p. 172.

1.5 SOBERANIA E REFORMA POLÍTICA

Já em Immanuel Kant (1724-1804), a soberania é o principal mecanismo de reforma política internacional,[34] ou seja, é a maneira pela qual a política pode se aproximar dos princípios morais e fazer justiça. Por outro lado, a soberania também representa a maior causa de injustiça, caso sua concepção não abarque limites jurídicos.

Kant defende uma reforma do sistema internacional para reduzir a discrepância entre moralidade e política. A noção de soberania tem duas bases distintas: uma justificação formal dogmática, e uma que pretende ser um chamado a todos os soberanos em todo lugar do mundo.

As justificativas para a reforma internacional, encontradas principalmente na obra *Doutrina do Direito*, são fundamentais porque apontam para uma contradição dentro da soberania que potencialmente impossibilita a justiça kantiana, isto é, a soberania como causa da justiça e da injustiça. Isso porque, a reformulação das relações interestatais é necessária pelas mesmas razões que foi imprescindível a reformulação das relações interestatais dos indivíduos para sair do estado de natureza, do caos primário, e também porque a anarquia internacional leva à guerra.

Os Estados, em Kant, não são puros sujeitos capazes de fazer justiça e são ilimitados em sua atuação. São ferramentas que devem se tornar adequadas para a tarefa de maximizar as liberdades individuais e proteger seus cidadãos. O filósofo prussiano pretende aumentar o escopo de direitos dos seres humanos, não dos Estados.

Conforme demonstrado no início do presente capítulo, é comum que haja a distinção, no estudo da soberania, entre seus aspectos interno e externo. Hinsley[35] distingue, dessa forma, as dimensões interna e externa da soberania. A primeira diz respeito à presença de uma autoridade absoluta dentro do Estado e ao consequente estabelecimento de uma

---

[34] KANT, Immanuel. *Para a paz perpétua*. Ensaio introdutório de Joám Evans Pim. Tradução de Bárbara Kristensen. Rianxo: Instituto Galego de Estudos de Segurança Internacional e da Paz, 2006.

[35] HINSLEY, F. H. *Sovereignty*. Cambridge: Cambridge University Press, 1986.

ordem política doméstica. A segunda, por sua vez, aponta para a ausência de tal ordem entre os Estados e a anarquia subsequente que a soberania cria no cenário internacional. Ele afirma que, na teoria, não é um resultado paradoxal, mas uma consequência lógica do conceito de soberania.[36]

Por esse raciocínio, os lados interno e externo da soberania do Estado, bem como a justaposição da sociedade política e da anarquia interestatal que eles criam, são dois lados da mesma moeda, um resultado lógico e necessário do conceito.

Kant reconhece, mas rejeita como necessários, os resultados lógicos da divisão da soberania em interna e externa. Mais especificamente, embora Kant reconheça que a desordem por falta de um Estado em âmbito internacional é resultado inevitável da soberania, seu compromisso com a justiça leva-o a sugerir que há um requisito, senão até um dever moral, de tentar reconciliar as duas faces da soberania.

Em outras palavras, Kant afirma que é necessário reformular as relações interestatais, pelo lado externo, assim como é necessário criar a sociedade civil, pelo lado interno. Kant não tem uma doutrina bem ordenada e articulada da soberania do Estado em nenhuma de suas obras. Portanto, a leitura aqui feita tem por base um entendimento sistemático que emana de suas obras, primordialmente a *Para a paz perpétua*, a *Doutrina do Direito* e a *Metafísica da moral*.

Há dois tipos muito diferentes de escritos sobre soberania nos textos de Kant, cada um com implicações diferentes. Um tipo postula uma necessidade *a priori* de um agente soberano absoluto, enquanto o outro é um chamado para reformar continuamente a relação entre todos os estados soberanos, a fim de aperfeiçoar suas constituições internas e, igualmente crucial, transcender os efeitos da condição aparentemente anárquica entre eles.

Na *Doutrina do Direito*, Kant postula a necessidade *a priori* de um soberano absolutista no Estado.[37] Essa defesa da soberania dá uma definição sistemática a várias declarações em seus outros escritos políticos

---

[36] HINSLEY, F. H. *Sovereignty*. Cambridge: Cambridge University Press, 1986, p. 158.

[37] KANT, Immanuel. *The metaphysics of morals*. Cambridge: Cambridge University Press, 1996, p. 276.

ao dizer que "*[the] man is an animal who needs a master*".[38] Essa exigência por soberania é feita a partir da razão prática, o que significa que a soberania é demonstradamente necessária a partir do raciocínio *a priori* que transcende toda a experiência.

O homem precisa de um mestre porque, em um mundo compartilhado por indivíduos, não pode haver liberdade de ação sem uma vontade absoluta de garantir um arcabouço político-jurídico para o exercício da justiça. Caso contrário, o indivíduo certamente abusaria de sua liberdade em relação aos outros de sua própria espécie.[39]

A inclinação inerente de cada indivíduo a sempre abrir uma exceção aos princípios universais de justiça requer um ente externo soberano. Para Kant, é necessário um soberano para romper a vontade própria dos indivíduos e forçar cada um a obedecer a uma vontade universalmente válida, sob a qual todos podem ser livres.

É importante ressaltar que Kant não está fazendo uma afirmação antropológica de que os indivíduos são empiricamente maus e, portanto, precisam de um Leviatã para produzir ordem, como em Hobbes.[40] Pelo contrário, é o argumento transcendental de que, em um estado de natureza não pode haver uma condição universalmente justa, porque, na ausência de um soberano, cada um se determina pelo que crê correto ou por suas vontades: "*each has its own right to do what seems right and good to it and not to be dependent upon another's opinion on this*".[41]

De acordo com seu argumento *a priori*, Kant afirma que o soberano é o poder supremo e ilimitado que não está sujeito à lei ou vinculado a

---

[38] KANT, Immanuel. "Idea for a universal history with a cosmopolitan purpose". *In*: KANT, Immanuel. *Political writings*. Cambridge: Cambridge University Press, 1991, p. 46. *Grifo do autor.*

[39] KANT, Immanuel. "Idea for a universal history with a cosmopolitan purpose". *In*: KANT, Immanuel. *Political writings*. Cambridge: Cambridge University Press, 1991, p. 46.

[40] KANT, Immanuel. *The metaphysics of morals*. Cambridge: Cambridge University Press, 1996, p. 290.

[41] KANT, Immanuel. *The metaphysics of morals*. Cambridge: Cambridge University Press, 1996, p. 124.

um dever legal. Além disso, é sabido que, apesar de sua admiração pelo significado histórico da Revolução Francesa, Kant não admite o direito de resistência, não importando o quão abusivo ou autoritário seja o regime em que vivem os cidadãos. Portanto, independentemente das consequências dos atos de um soberano injusto, a resistência é proibida em Kant porque ela torna possível a repetição, quando universalizada, gerando o caos.

Por outro lado, no segundo argumento, Kant faz um apelo inconfundível e sustentado pela transformação e pela contínua reforma do exercício de soberania por todos os soberanos do mundo. A principal razão para a aparente contrariedade argumentativa é que, apesar de quaisquer argumentos *a priori* existirem em favor da soberania, Kant enxerga que a realidade fenomênica do poder soberano impõe imensas ameaças à liberdade humana.

A constante reforma da soberania exigida em Kant é importante para a realidade internacional porque, como discutido, uma vez que a "anarquia interna" é superada pela soberania, é apenas a reforma da soberania que pode amansar a esfera internacional. A visão de Kant é que o soberano, uma vez que faça nascer a civilidade de onde era anarquia, sozinho terá força e legitimidade para se recriar progressivamente na história e produzir uma sociedade de Estados baseada cada vez mais nos justos princípios do contrato original.

O contrato original é uma ideia da qual só podemos nos aproximar na realidade empírica. Isso significa que cabe ao soberano decidir se a comunidade política pode concordar racionalmente com a sua decisão. Portanto, ao atuar nessa realidade em constante mudança, o soberano é um substituto para a aspiração de uma soberania autenticamente popular.

A justificativa das afirmações absolutistas e dogmáticas de Kant sobre soberania é bem clara. Como a anarquia é sempre a antítese da liberdade, o Estado soberano é necessário para manter as liberdades individuais. Todas as formas de coerção ilegítimas devem ser substituídas por um mecanismo de coerção legal e legítimo proveniente de um único soberano.

Por esse motivo, a soberania é diretamente justificada apenas por uma causa formal em oposição a quaisquer possíveis consequências materiais. Essa consideração é extremamente importante porque significa que a soberania do Estado é necessária, *apesar* de suas consequências, e não *por causa* delas. Essa postura é consistente com a ética deontológica de Kant.

No entanto, Kant percebe perfeitamente que há consequências problemáticas impostas pela existência empírica de Estados soberanos. A soberania interna do Estado é compatível com os requisitos formais de liberdade externa, mas esses requisitos são imediatamente ameaçados pela produção de um caos jurídico internacional. A condição imoral da anarquia internacional, que exigia a existência do Estado soberano, é materialmente recriada entre os próprios Estados soberanos sem autoridade global para arbitrar diferenças no plano mundial.

Em outras palavras, o requisito da liberdade individual cria a soberania interna, mas o resultado da anarquia interestatal é algo proibido pela teoria política de Kant. A anarquia não deve ser um problema moral menor entre os Estados, para Kant, do que entre os indivíduos, e, portanto, ele percebe que há um conflito entre os requisitos formais da liberdade individual dentro do Estado e os requisitos formais da política internacional. São os aspectos interno e externo da soberania em conflito, já que, em Kant, enquanto o primeiro é necessário, o segundo é uma má consequência necessária.

Para Kant, a soberania precisa de reforma pois a existência dela na realidade é uma ameaça constante à autonomia interna dos indivíduos e o progresso deles como seres humanos. As guerras que emanam do conflito entre soberanos, na anarquia, que é a seara internacional, exigem que os Estados cometam o que a moral proíbe: o uso estratégico de seus cidadãos como meros instrumentos para a sobrevivência do Estado. O bem-estar dos cidadãos é sacrificado em nome da proteção da segurança do próprio Estado, da sua manutenção e da sua existência.

Os requisitos e as restrições gerados pela divisão de Kant entre os lados interno e externo da liberdade individual justificam, assim, o Estado soberano e sua reforma necessária. A reforma do Estado soberano existente é determinada não apenas pelos requisitos formais da liberdade individual, mas também por seus requisitos materiais, o caos internacional. Kant assume que a política internacional é diferente da política doméstica, pois sua reforma é muito mais difícil de alcançar com a ausência de um soberano global abrangente, ou seja, um Estado mundial.

De modo geral, a doutrina de Kant sobre a soberania do Estado parece, aos ouvidos contemporâneos, antiquada e autoritária, mas seus elementos reformistas, incluindo o da necessária reforma internacional, demonstram que Kant já havia feito o diagnóstico do problema que a soberania ilimitada causa na esfera interestatal.

1.6 SOBERANIA COMO IRRELEVANTE JURÍDICO E COMO DECISÃO

Hans Kelsen (1881-1973), no texto "Soberania",[42] demonstra que esse conceito não interfere no conteúdo do direito tanto nacional quanto internacional, muito menos na determinação da ciência pura do Direito, o que o faz sustentar a hipótese da irrelevância jurídica do problema da soberania.

Isso se dá porque, geralmente, o significado do termo consiste na determinação do Estado nacional como detentor do supremo poder de controle do comportamento humano.[43] Ora, se vinculássemos ao conceito de soberania qualquer condição, segundo Kelsen, seja empírica ou racional, essa condição seria, efetivamente, o poder maior do Estado. Com base nisso, Kelsen critica a doutrina cristã que vincula o soberano à divindade, pois se ele está atrelado a alguma moralidade, não é soberano, ou seja, não detém o poder supremo.

Embora o Direito Internacional, na construção da Escola de Viena, ainda tivesse uma juridicidade primitiva, foi concedido o caráter

---

[42] KELSEN, Hans. "Sovereignty". *In*: PAULSON, Bonnie Litschewski; PAULSON, Stanley (Coords.). *Normativity and norms*: critical perspectives on kelsenian themes. Oxford, Nova Iorque: Oxford University Press, 2007, pp. 525-536.

[43] KELSEN, Hans. "Sovereignty". *In*: PAULSON, Bonnie Litschewski; PAULSON, Stanley (Coords.). *Normativity and norms*: critical perspectives on kelsenian themes. Oxford, Nova Iorque: Oxford University Press, 2007, p. 525.

de Direito através dos instrumentos coercitivos de represália e de guerra. Além disso, no entendimento kelseniano da teoria jurídica, as normas do Direito Internacional e do direito nacional eram partes de um sistema jurídico concebido como unitário – o monismo jurídico.

Isso levantou a questão de como as duas ordens jurídicas se relacionavam. Segundo Kelsen, ambas devem ser colocadas em um contexto hierárquico, através da tese da primazia, que colocou o Direito Internacional acima do direito nacional no cosmo jurídico monístico – o monismo jurídico com primazia do Direito Internacional.

O impulso da tese da primazia do Direito Internacional foi direcionado contra o dogma da soberania de Estados individuais. Ela consistiu no elemento mais importante na construção do Direito Internacional e foi propagada, também, por outros autores, como Verdross[44] e Kunz[45], na década de 1920. A tese da primazia do Direito Internacional é o aspecto central de uma teoria internacionalista kelseniana: "(...) a devida clareza de que, enquanto as ideologias subjetivista-imperialistas optarão pelo primado do direito nacional a este respeito, as ideologias objetivista-pacifistas se declararão a favor do primado do direito internacional".[46]

Kelsen enxergou que a função primordial do Direito Internacional era delimitar as várias ordens jurídicas nacionais.[47] Isso pressupõe uma ordem jurídica internacional acima dos Estados individuais. O jurista austríaco deixou isso claro na primeira edição da *Teoria pura do Direito*, de 1934, por meio do princípio da eficácia no Direito Internacional.

De acordo com essa regra do direito consuetudinário, mesmo um governo que chegou ao poder por meio de uma revolução ou um

---

[44] VERDROSS, Alfred. *Die Einheit des rechtlichen Weltbildes auf Grundlage der Völkerrechtsverfassung* Tübingen: J. C. B. Mohr, 1923, p. 134.

[45] KUNZ, Josef Laurenz. La crise et les transformations du droit des gens. *In:* Recueil de Cours. Académie de Doirt International de La Haye, vol. 88, 1955, p. 46.

[46] KELSEN, Hans. *Das Problem der Souveränität und die Theorie des Völkerrechts*. Tübingen: Zweite, Photomechanisch Gedruckte Auflage, 1928, p. 314. *Tradução livre*

[47] POST, Harry. "Classification of the rules of International Law according to spheres of validity". *Netherlands Yearbook of International Law*, Haia, vol. 7, pp. 157-195, 1976.

golpe de Estado deveria ser considerado legítimo em termos de Direito Internacional, se exercesse efetivamente o poder político em seu território. Kelsen não se preocupa, no campo do Direito, com a política, ele separa as esferas de modo jamais visto anteriormente.

Nesse caso, o Direito Internacional protegeu a esfera territorial de validade da ordem jurídica do Estado ao proibir determinadas intervenções nessa esfera de poder. Mas se a ordem constituída desmoronasse, não se poderia mais falar de um Estado em termos de Direito Internacional por causa do princípio jurídico da eficácia.

Com isso, argumentou Kelsen, uma norma do Direito Internacional determinava a esfera espacial e temporal da validade da ordem jurídica interna do Estado. Mas também a validade material foi delimitada pelo Direito Internacional.[48] Como o Direito Internacional poderia potencialmente regular qualquer conduta humana por meio dos tratados, isso também se aplicava aos demais contextos da vida real que anteriormente eram governados exclusivamente pelo Estado. Com isso, a reivindicação do Estado à totalidade estava, para Kelsen, sujeita a uma limitação pela ordem do Direito Internacional também em relação às suas competências normativas relevantes.

Nessa perspectiva, o Direito Internacional determinava não apenas a criação e o desaparecimento da ordem jurídica interna do Estado, mas também as suas esferas de validade territorial e material. No que diz respeito à validade temporal, territorial e material de suas normas, uma determinada lei nacional era, portanto, meramente uma "subordem" subordinada ao Direito Internacional.

Surge em Kelsen, entretanto, o questionamento sobre a possibilidade de conciliar essa teoria com o fato de que foram os próprios Estados que criaram o Direito Internacional pela celebração de tratados e pelo exercício prático de condutas no âmbito internacional. Para combater isso, Kelsen apresentou o seguinte argumento: a única razão pela qual vários Estados podem estabelecer um tratado sob a égide do Direito

---

[48] KELSEN, Hans. *Introduction to the problems of legal theory*. Oxford: Oxford University Press, 1992, p. 121.

Internacional é porque este os capacita a fazê-lo através do direito consuetudinário que rege o processo pelo qual os tratados são celebrados.

Isso significa que, quando o tratado é assinado e ratificado, os representantes dos Estados são primariamente órgãos da comunidade de Direito Internacional, e apenas em um segundo momento são órgãos de seus Estados.[49] Assim, segundo Kelsen, não são realmente os Estados individuais que criam o Direito Internacional por meio de convenções, como costumam defender os escritores influenciados pelo dogma da soberania, é a comunidade dos Estados ou, mais corretamente, a comunidade jurídica internacional que funda o Direito Internacional, assim como é o Estado que cria o seu direito interno por meio dos órgãos estatais.

Por fim, Kelsen defende que a soberania corresponde somente ao Estado enquanto sistema legal, e não como hierarquicamente superior ao sistema normativo, ou seja, um sistema que regula o comportamento humano. Dessa forma, não há como determinar qualquer soberano que não o próprio sistema normativo, que encontra validade objetiva tão somente através da pressuposição lógico-fundamental de uma norma superior.[50] O questionamento deixa de ser "quem é o soberano?" para ser "qual sistema normativo é o soberano?". Não mais se questiona quem é o sujeito soberano, mas qual sistema normativo é válido e obrigatório para todos, não podendo ser determinado por outro sistema jurídico superior.

Kelsen, dessa forma, identifica o Estado a um conjunto de regras de conduta – Schmitt chamará isso de uma redução do conceito de Estado. Um Estado revela-se soberano quando o seu ordenamento jurídico é supremo, ou seja, quando não sofre qualquer heterointegração.[51] A soberania seria uma questão especificamente jurídica, e qualquer enfoque diferente disso não seria científico, mas político.

---

[49] KELSEN, Hans. *Introduction to the problems of legal theory*. Oxford: Oxford University Press, 1992, p. 123.

[50] KELSEN, Hans. *Teoria pura do direito*. São Paulo: Martins Fontes, 2009.

[51] KELSEN, Hans. *Il problema della sovranità e la teoria del diritto internazionale*: contributo per um dottrina pura del diritto. Milão: Giuffrè, 1989.

Foram refutadas por Kelsen ambas as teorias tradicional e dualista, sendo que a primeira considera o direito interno como supremo poder que tudo determina, pela ilogicidade de um conceito, objeto de soberania, vincular o próprio soberano; e a segunda admite a existência de dois sistemas jurídicos válidos e independentes, interno e internacional, pela impossibilidade de reconhecimento de um pelo outro sem que sejam um só. Assim, é possível perceber que a soberania, de fato, é tão somente uma categoria jurídica em Kelsen.

Já sobre o conceito de soberania no pensamento schmittiano, explica Joaquim Carlos Salgado que "[e]m sua obra *Teologia política,* de 1922, Carl Schmitt, postula o anátema de que '*soberano é aquele que decide sobre a exceção*', isto é, trata-se daquele que pode suspender a ordem jurídica posta como um todo, ou mesmo parcialmente (...)".[52]

Na Teoria do Direito, Carl Schmitt (1888-1985) afirma que a essência do *Direito* é a decisão política, ou seja, nas palavras do pensador, a definição de soberania é um conceito central e limítrofe:

> A isso corresponde que a sua definição não pode vincular-se ao caso normal mas ao caso limítrofe. (...), aqui, deve-se entender, sob estado de exceção, um conceito geral da teoria do Estado, mas não qualquer ordem de necessidade ou estado de sítio. O fato de o estado de exceção ser adequado, em sentido eminente, para a definição jurídica de soberania, possui um motivo sistemático, lógico-jurídico. A decisão sobre a exceção é, em sentido eminente decisão, pois, uma norma geral, como é apresentada pelo princípio jurídico normalmente válido, jamais pode compreender uma exceção absoluta e, por isso, também, não pode fundamentar de forma completa, a decisão de um caso real, excepcional.[53]

---

[52] SALGADO, Joaquim Carlos. "Apresentação". *In*: SCHMITT, Carl. *Legalidade e legitimidade*. Belo Horizonte: Del Rey, 2007, p. xxiii, *apud* SERRANO, Pedro Estevam Alves Pinto. *Autoritarismo e golpes na América Latina*: breve ensaio sobre jurisdição e exceção. São Paulo: Alameda, 2016, p. 51.

[53] SCHMITT, Carl. *Teologia política*. Tradução de Elisete Antoniuk. Belo Horizonte: Del Rey, 2006, p. 7.

A ordem jurídica, como toda ordem, repousa sobre uma decisão, e não sobre uma norma. A decisão é, em vista disso, fundamento precedente do Direito, como em Hobbes: primeiro vem o Estado, depois vem o Direito, se for necessário suspender este para manter a ordem daquele, o soberano o fará, decretando o estado de exceção.

> Em estado de exceção, o Estado suspende o Direito por fazer jus à autoconservação, como se diz. Os dois elementos do conceito 'ordem jurídica' defrontam-se e comprovam sua autonomia conceitual. Assim como no caso normal, o momento autônomo da decisão pode ser repelido a um mínimo; no caso excepcional, a norma é aniquilada. Apesar disso, o caso excepcional também permanece acessível ao conhecimento jurídico, pois ambos os elementos, a norma e a decisão, permanecem no âmbito jurídico.[54]

Schmitt critica o monismo de Kelsen intitulando-o de "metafísica monista", ou seja, ele enxerga que a estratégia teórica de Kelsen seria simplista demais, já que põe a questão em termos de um tudo ou nada travado entre um conceito não cientificamente amparado de Estado, de cunho sociológico, e um conceito jurídico de Estado, por sua vez, científico.[55]

O jurista alemão sustenta que Kelsen incorre na velha negação liberal do Estado nos confrontos com o Direito, uma vez que o jurista austríaco "resolve o problema do conceito de soberania simplesmente negando-o".[56] Essa postura liberal de se tentar fundar o poder por meio do Direito, segundo Schmitt, leva a um pensamento jurídico tão somente orientado para a norma, e isso é o normativismo, um dos tipos de pensamento jurídico que ele refuta.

> [E]le isola e absolutiza a norma ou regra (em oposição à decisão ou ao ordenamento concreto). Cada regra, cada normatização legal regulamenta muitos casos. Ela se coloca acima do caso individual

[54] SCHMITT, Carl. *Teologia política*. Tradução de Elisete Antoniuk. Belo Horizonte: Del Rey, 2006, p. 13.

[55] SCHMITT, Carl. *Le categorie del político*. Bologna: il Mulino, 1972, p. 44.

[56] SCHMITT, Carl. *Le categorie del político*. Bologna: il Mulino, 1972, p. 47.

> e da situação concreta e possui, enquanto "norma", uma certa superioridade e sublimidade sobre a mera realidade e facticidade do caso individual concreto, da situação cambiante e da vontade cambiante das pessoas.[57]

A principal crítica de Schmitt ao conceito de soberania de Kelsen permite observar que há dois aspectos de contrariedade, um em decorrência do outro. Em primeiro lugar, nas teorias normativistas da soberania, há uma pretensão de disciplinar universalmente a política pelo Direito, através de normas, e, com isso a soberania de um Estado é adquirida apenas com o mero funcionamento autônomo do ordenamento jurídico. Em segundo, a impessoalidade do intitulado "governo das leis" causa uma despersonificação do soberano que evita enfrentar a principal questão jurídica: quem tem o poder de decidir e efetivamente o faz?

Nesse tipo de visão, como aponta James Crawford, "*States are not subject to any higher normative order, international law emerges from their will*",[58] ou seja, questiona-se a própria existência de um Direito Internacional, já que, ao fim do dia, direito é decisão.

No mesmo sentido, Lauterpacht registrou que o Direito Internacional era descrito sempre como uma fase de transição insatisfatória para "algo", estava mais para direito interno.

> It is better that International law should be regarded as incomplete, and in a state of transition to the finite and attainable ideal of a society of States under the binding rule of law, as generally recognized and practised by civilized communities within their borders, than that, as the result of the well-meant desire to raise its formal authority *qua* law, it should be treated as the perfect and immutable species of a comprehensively diluted *genus proximum*.[59]

---

[57] MACEDO JR., Ronaldo Porto. *Carl Schmitt e a fundamentação do direito*. São Paulo: Max Limonad, 2001, p. 168.

[58] CRAWFORD, James. *Chance, order, change*: the course of international law. Haia: Brill, Martinus Nijhoff Publisher, 2013, p. 96.

[59] LAUTERPACHT, Hersch. *The function of law in the international community*. Oxford: Oxford University Press, 2011, p. 440.

O dilema da soberania, em Schmitt, resume-se no questionamento: "aquele que toma as decisões é que é de fato a autoridade soberana, ou uma decisão é válida somente quando ela é feita pelo soberano?".[60] Para Schmitt, o que o ordenamento jurídico interno faz, notadamente as constituições, é apenas prever quem deve tratar do caso excepcional, e é justamente aí que se pode localizar quem é o soberano de fato. Será este sujeito que afirmará se ele mesmo está ou não delimitado por sua decisão, se o ordenamento jurídico deve ser mantido ou suspenso.

Não existe, nessa interpretação, norma que seja aplicável ao caos, isto é, a ordem deve ser estabelecida para que a ordem jurídica tenha algum sentido, uma situação deve ser instaurada na qual o soberano decide definitivamente. A decisão distingue-se da norma jurídica porque a autoridade comprova que, para criar o Direito, não é preciso estar certa.[61]

Dessa forma, como veremos com maior detalhamento no segundo capítulo, para Schmitt, o Direito tem apenas a prerrogativa e a utilidade de reger a vida social em sua normalidade cotidiana, já que em situações excepcionais, de risco ou de emergência – frisa-se, ainda que forjadas –, ele é suspenso em favor de uma soberania sem freios, levando à *ultima ratio* da política schmittiana: o apontamento do inimigo, deixando-o sem qualquer proteção jurídica ou política pelo povo, tornando-se um não-titular de direitos, um não-sujeito.

No geral, pode-se afirmar que Kelsen concebe a soberania sob o prisma do direito enquanto Schmitt o faz sob a égide da política. Koskenniemi, internacionalista finlandês, demonstrando sua propensão a esquematizar extremos, argumenta que a doutrina da soberania internacional oscila entre a abordagem fática (Schmitt) e a abordagem jurídica (Kelsen), e, na prática, diz que ambas estão corretas.[62] Os dois não acarretam qualquer

---

[60] DYZENHAUS, David. *Legality and legitimacy:* Carl Schmitt, Hans Kelsen and Hermann Heller in Weimar. Oxford: Oxford University Press, 1999, p. 43. *Tradução livre.*

[61] SCHMITT, Carl. *Teologia política.* Tradução de Elisete Antoniuk. Belo Horizonte: Del Rey, 2006, pp. 13-14.

[62] KOSKENNIEMI, Martti. *From apology to utopia*: the structure of international legal argument. Cambridge: Cambridge University Press, 2005, p. 270.

desacordo sobre a extensão da soberania, mas visões contrastantes de como justificar o Estado a ter uma esfera de liberdade.

Quando Kelsen argumentou que o guardião da constituição de um Estado era sua Suprema Corte, Schmitt respondeu que, embora isso possa ser verdadeiro em um estado de normalidade, a normalidade apenas oculta à vista os conflitos políticos subjacentes, que ressurgem quando, em um estado de exceção, é o soberano que é obrigado a agir.[63]

Para Schmitt, a soberania é uma questão de descrição de fatos e o Direito é uma simples consequência normativa, enquanto em Kelsen a soberania é uma abreviação descritiva para os direitos, as liberdades e as competências que o Direito alocou ao Estado.

Haja vista o debate exposto sobre soberania, compreendamos a teoria da exceção.

---

[63] KOSKENNIEMI, Martti. *The gentle civilizer of nations*: the rise and fall of international law 1870-1960. Cambridge: Cambridge University Press, 2001, p. 428.

Capítulo II

A METAMORFOSE DA EXCEÇÃO

O que veio a ser nomeado como estado de exceção é um modelo que prevalece desde o governo de Luís Bonaparte e vai até o fim do século XX, mais especificamente em 1989, com a queda do muro de Berlim.

Durante esse período, o autoritarismo manifestou-se por meio de governos e estados de exceção que, sempre sob pretexto de combater o inimigo, suspenderam os direitos individuais e o próprio Direito, ao menos pelo prazo necessário ao enfrentamento desse inimigo.

Nesse primeiro momento, portanto, falamos de soberanias excepcionais e de caráter provisório – ao menos no discurso –, que subtraem os direitos da sociedade como um todo ou, em certos casos, de determinados grupos sociais, apenas.

Vale ressaltar que esses governos de exceção, por serem em sua maioria totalitários, tomam do poder não somente pela via do golpe militar, como ocorreu na América Latina, mas também pela via democrática, como é o caso do nazismo e do fascismo na Europa.

Entretanto, com o surgimento do neoliberalismo, que começa a ser gestado a partir das décadas de 1960 e 1970, o capital financeiro passa cada vez mais a assumir um papel central no capitalismo. Isso transforma, aos poucos, os modelos de autoritarismo.

Isso se dá porque a experiência do nazismo, do fascismo e das ditaduras militares, períodos históricos de pura barbárie, genocídio e formas extremamente desumanas de se tratar os indivíduos, contrapôs veementemente a ideia de estado de exceção à ideia de civilização.

No pós-guerra, conforme veremos no terceiro capítulo, constituiu-se um pacto humanístico e democrático que refunda o entendimento de democracia. Os direitos de liberdade, integrados numa noção de direitos humanos, deixam de ser mera declaração política e passam a ser imposição jurídica superior na estrutura de Estado, por meio das constituições rígidas, no plano interno, e, no plano internacional, pela Declaração Universal dos Direitos Humanos (DUDH) e seus consectários.

Após o trauma que a Segunda Guerra Mundial produziu, sobretudo, no mundo ocidental, não havia condições políticas para se defender ditaduras e formas autoritárias de governo, o que fez com que regimes de exceção, nessa vertente clara e declarada, perdessem significativamente sua capacidade de validação discursiva.

Contudo, o autoritarismo toma nova roupagem. Passa a se manifestar sob uma nova fórmula, que são as medidas de exceção presentes no interior das democracias, conforme veremos em Agamben, Serrano e Goupy. Estados democráticos, nos quais estruturas próprias da democracia são mantidas, passam a produzir medidas características de regimes autoritários, elegendo e combatendo inimigos, suspendendo direitos e estabelecendo um regime jurídico próprio da guerra na relação entre Estado e indivíduo.[64]

---

[64] Nesse sentido: AGAMBEN, Giorgio. *Estado de exceção*: Homo sacer, II, 1. São Paulo: Boitempo, 2004; SERRANO, Pedro Estevam Alves Pinto. *Autoritarismo e golpes na América Latina*: breve ensaio sobre jurisdição e exceção. São Paulo: Alameda, 2016; VALIM, Rafael. *Estado de exceção*: a forma jurídica do neoliberalismo. São Paulo: Contracorrente, 2017; GOUPY, Marie. "L'État d'exception, une catégorie d'analyse utile? Une réflexion sur le succès de la notion d'État d'Exception à l'ombre de la pensée de Michel Foucault". *Revue interdisciplinaire d'études juridiques*, Bruxelas, vol. 79, n. 2, pp. 97-111, 2017; CASARA, Rubens. *Estado pós-democrático.* Rio de Janeiro: Civilização Brasileira, 2017.

Desde já, é válido mencionar que não tratamos aqui de uma legalidade extraordinária, mas de exceção. Não se fala aqui, como muito ventilado durante a pandemia do novo coronavírus[65], em uma situação causada por reais tempos de emergência ambiental ou sanitária, que exige tratamento jurídico diferenciado e, por vezes, mitigador de direitos individuais justificadamente. A isso Serrano intitula legalidade extraordinária:

> Enquanto o estado de exceção é regido pela anomia, ou seja, pela ausência de norma, caracterizada pela suspensão dos direitos para se combater o inimigo ou atender a alguma emergência, a legalidade extraordinária é o instrumento por meio do qual o Estado Democrático de Direito responde juridicamente a uma situação de emergência social, de necessidade pública. A legalidade extraordinária não implica, portanto, a supressão de direitos, mas sim a instauração de um regime jurídico especial, para um momento particular. O poder público age por dever, e não por poder.[66]

Dessa forma, no presente capítulo, faremos uma pequena jornada histórica para compreender a exceção desde o que é considerado por muitos o seu primeiro registro, o bonapartismo, perpassando o totalitarismo em Schmitt, a análise crítica de Agamben e as feições mais atuais da exceção dentro do estado de direito em Serrano e Goupy.

2.1 LUÍS BONAPARTE E O ESTADO DE EXCEÇÃO DO SEGUNDO IMPÉRIO FRANCÊS

No "18 de brumário", Karl Marx (1818-1883) enfrenta a conjuntura social, política e econômica da França, em um determinado

---

[65] Em 11 de março de 2020, a Organização Mundial da Saúde declarou status de pandemia ao surto do novo coronavírus. Disponível em: https://www.who.int/emergencies/diseases/novel-coronavirus-2019/events-as-they-happen. Acesso em: 21 mai. 2020.

[66] SERRANO, Pedro Estevam Alves Pinto. *É a ciência, estúpido!* Carta Capital. Disponível em: https://www.cartacapital.com.br/opiniao/e-a-ciencia-estupido/. Acesso em: 21 mai. 2020.

período histórico, que vai desde a eleição que põe Luís Bonaparte à frente do Estado francês até seu golpe de estado, ou seja, de 1848 até 1851.

A França, no período de monarquia absoluta, pré-revolução de 1789, apresentava um considerável atraso econômico. As condições sociais da população eram precárias e contrastavam com os gastos excessivos de sua Corte, tanto em luxo quanto em envolvimento em guerras, a exemplo da Guerra de Independência dos Estados Unidos, em 1783, e a dos Sete Anos, entre 1756 e 1763.

Haja vista a conjuntura, a burguesia em ascensão, então, começa a questionar essa estrutura do *Ancien Régime*, já que o Estado francês não respondia mais à realidade econômica suscitada pelas nascentes forças econômicas e produtivas que estavam em gestação naquele contexto histórico-social.

Em 5 de maio de 1789, começam os acontecimentos que vão mudar permanentemente a história da França. A Revolução Francesa, entretanto, não foi apenas um acontecimento imediato, mas um processo que se estendeu durante um longo período. Forças políticas emergiram daquela sociedade marcada pela insatisfação tanto da parte da população que vivia no campo em precárias condições de existência quanto da parte urbana da burguesia nascente que pretendia ampliar suas fronteiras comerciais.

Por isso, a burguesia sentiu-se muito à vontade em apoiar o emergente general Napoleão Bonaparte para representar seus interesses. Bonaparte cumpriu com as promessas. Ao chegar ao poder apagou do cenário daquela sociedade as instituições sociais que porventura pudessem lembrar o antigo regime e, de qualquer maneira, impedir o desenvolvimento das forças produtivas.

Isso permitiu a criação de todas as condições favoráveis aos novos modos de produção. O poder estaria concentrado nas mãos de uma só pessoa, mas que governará para uma classe, notadamente a burguesia financeira. Tanto o campo, jacobinos, quanto a cidade, girondinos, se revezam no poder até que os desdobramentos históricos culminaram na vitória da eleição de Luís Bonaparte, sobrinho de Napoleão.

A classe operária é altamente manipulada. A título exemplificativo, insere-se em uma luta armada na conhecida Insurreição de Junho, estimulada pela alta burguesia republicana que almejava o domínio e o consequente fim da aristocracia financeira. Contudo, o proletariado não tinha uma estratégia política própria, vence uma briga que não era verdadeiramente sua, e não fica atento às novas coligações sociais que a sociedade francesa forma para se livrar da possibilidade do proletariado tomar algum poder.

Por isso, os assim insurretos são massacrados de forma brutal quando se levantam contra o que já se constituíra em Partido da Ordem, já que este reunia as maiores forças da sociedade francesa. O proletariado é afastado de vez do cenário político e, com eles, também os pequenos burgueses, em sua maioria republicanos e democratas. Estes passam a ser vistos como anarquistas, socialistas ou comunistas.

Como consequência, essa ideologia é construída e disseminada pela classe dominante e tem domínio exclusivo sobre o Estado até a eleição de Bonaparte, que, por seu turno, é visto como um acerto de contas da burguesia com tendências monárquicas. A vitória de Bonaparte representava claramente uma esperança para os que queriam o retorno à monarquia.

Contudo, como visto, a burguesia era extremamente heterogênea e isso possibilitou que Bonaparte fosse, aos poucos, através de manobras políticas, enfraquecendo o Estado representativo até destruí-lo por completo e instalar o bonapartismo através do golpe de estado.

Não havia apenas divergência interna desses grupos, mas as contradições existentes chegavam a colocá-los em posição de anulação recíproca de interesses. Isso gerou uma grave crise e o partido não conseguiu mais representar a classe a que se propunha e terminou por se desintegrar em seus pequenos componentes.

Foi essa falta de identificação que fez nascer na sociedade francesa o desejo por um "governo forte", nas palavras de Marx,[67] que pudesse

---

[67] MARX, Karl. *O 18 de brumário de Luís Bonaparte*. São Paulo: Boitempo, 2011.

restabelecer a unidade política e não colocasse em risco a estabilidade econômica da França. Isso significa que o poder político, até pouco tempo almejado e adquirido com tanto esforço, tantas conspirações, foi desperdiçado com a incapacidade de gerir os interesses de forma coerente que agradasse Bourbons e Orlèans na defesa do capital.

Assim, a burguesia perdeu o sonhado autogoverno e, novamente, teve um governo centralizado. Diz Marx: "[a] França apenas escapou do despotismo de uma classe para voltar a cair sob o despotismo de um indivíduo mais precisamente sob a autoridade de um indivíduo sem autoridade".[68]

Luís Bonaparte assume, como imperador, um discurso de tentar representar grupos antagônicos. Sobre isso, diz Marx: "Bonaparte gostaria de ser encarado como o benfeitor patriarcal de todas as classes. Mas ele não tem como dar a um sem tirar do outro". [69]

O bonapartismo é considerado a primeira forma de estado de exceção, num recorte histórico no qual se pode falar em estado de direito contrapondo-se à exceção. São as últimas palavras de Marx no "18 de brumário":

> Impelido pelas exigências contraditórias de sua situação e, ao mesmo tempo, como um ilusionista sentindo-se na obrigação de apresentar constantes surpresas para manter os olhos do público fixos nele, ou seja, de realizar todo dia um novo golpe de Estado *en miniature,* Bonaparte, o suplente de Napoleão, esculhambada toda a economia burguesa, toca em tudo que parecia intocável para a revolução de 1848, deixa uns aguardando a revolução com paciência e outros com vontade de fazer a revolução e gera a pura anarquia em nome da ordem, enquanto simultaneamente despe toda a máquina do Estado da sua aura de santidade, profanando-a, tornando-a ao mesmo tempo asquerosa e ridícula. O culto à túnica sagrada de Trier é reeditado por ele em Paris na forma do culto ao

---

68 MARX, Karl. *O 18 de brumário de Luís Bonaparte.* São Paulo: Boitempo, 2011, pp. 139-140.

69 MARX, Karl. *O 18 de brumário de Luís Bonaparte.* São Paulo: Boitempo, 2011, p. 152.

> manto imperial de Napoleão. Porém, quando o manto imperial finalmente cair sobre os ombros de Luís Bonaparte, a estátua de bronze de Napoleão despencará do alto da coluna Vendôme.[70]

O bonapartismo tornou-se, então, a classificação do gênero estado de exceção. Poulantzas enxerga três subespécies: o bonapartismo, o nazifascismo e as ditaduras. O bonapartismo se exprime, basicamente, pelo fenômeno da chamada autonomização relativa do Estado diante das classes e demais segmentos sociais em presença.

Em realidades com ferrenha luta de classes, nas quais o proletariado se apresenta como uma ameaça ao domínio do capital, seja de fato ou apenas uma ameaça irreal, e nenhuma das frações da classe dominante possui as condições de impor um projeto político à sociedade, de governá-la segundo seus interesses, instaura-se aquilo que se convencionou chamar de "crise de hegemonia".

Nessa profunda divisão social, situação de impasse político, de equilíbrio de forças e incapacidade hegemônica, o aparelho de Estado eleva-se sobre os grupos conflitantes e impõe a unidade nacional, a qual ele próprio afirma encarnar, pela força a "paz social" e salvaguarda a ordem capitalista.

Ao adquirir força política própria, o aparelho estatal já não é mais a expressão nem o instrumento de nenhuma dessas frações sociais em particular. Deve, por outro lado, manter o que há de comum a todas elas, a saber, a propriedade capitalista.

Assim, sob o bonapartismo, o Estado, relativamente autônomo frente às subdivisões burguesas, coloca-se como representante dos interesses de conjunto da burguesia, e o faz mesmo a despeito desta última.

O aparelho estatal, exercendo o papel de mediador do jogo político e procurando pacificar o cenário social litigioso, ganha a aparência de uma força destoada e superior à sociedade, e independente desta. Ao

---

[70] MARX, Karl. *O 18 de brumário de Luís Bonaparte*. São Paulo: Boitempo, 2011, pp. 153-154.

longo do bonapartismo, os governos vigentes tendem a encerrar um caráter mais ou menos autônomo em relação aos partidos e demais ajuntamentos políticos. Contudo, em alguns casos, todas as formas de organização política provenientes da sociedade civil são sumariamente extintas pelo regime.

Portanto, o bonapartismo mostra-se não só como um regime político excepcional, mas também como uma modalidade de governo, já que a classe dominante não tem acesso direto aos mandos do Estado. É nesse sentido que o fenômeno bonapartista se refere a um dialético processo pelo qual a burguesia "abre mão" das funções de domínio político do Estado para ver mantida sua dominação econômica no interior da mesma.

2.2 O NAZIFASCISMO

Carl Schmitt (1888-1985), conforme já visto no primeiro capítulo, é um dos mais polêmicos pensadores alemães cuja obra continua atual, apesar de ter sido cunhada entre 1910 e 1970. Foi o autor que melhor sistematizou o direito dos regimes autoritários do século XX, especialmente o nazista.

Schmitt acreditava que a finalidade moral do Estado não tinha a ver com o individualismo liberal, do contrário, pois, o Estado, ao conceber o direito, não poderia admitir oposição e nenhum indivíduo poderia dentro dele ter autonomia.[71]

A expressão *estado de exceção* surge, inclusive, na Constituição de Weimar de 1919, que declara a Alemanha como uma República Democrática Parlamentar e, em seu artigo 48, apresenta um instituto jurídico para situações fáticas de emergência. Poderia ser um desastre natural, gerador de calamidade pública, ou uma situação de guerra em que houvesse grave ameaça à segurança e à paz da sociedade. Nesses casos, poderia haver a declaração do *estado de exceção*, que suspenderia provisoriamente os direitos dos cidadãos para atender à emergência em questão.

---

[71] MACEDO JR., Ronaldo Porto. *Carl Schmitt e a fundamentação do Direito*. São Paulo: Saraiva, 2011, pp. 21-31.

Como vimos no item 1.6 do primeiro capítulo, a primeira metade do século XX foi marcada, no âmbito da teoria do Estado, pelo debate entre Schmitt e Kelsen, no qual este defendia a democracia representativa contra as formas de governo autoritário defendidas por aquele. A premissa do pensamento schmittiano é que a importância crucial da formação de um Estado e da ordem jurídica que o rege é a decisão estatal em detrimento da lei. Dessa maneira, lei válida é aquela produzida por uma decisão jurídica final, e não por ter seguido critérios formais que a façam ser chamada como tal.

Acerca do entendimento de Schmitt, afirma Gilberto Bercovici:

> O fundamento da democracia na identidade e na homogeneidade do povo consiste no aspecto existencial da unidade política. Para Schmitt, o princípio político autenticamente democrático não é o da liberdade, mas o da identidade ou igualdade substancial. No entanto, a igualdade democrática está ligada à desigualdade, pois, para Schmitt, a igualdade é política, portanto, discriminatória, devendo tratar igualmente os iguais e definir o inimigo. A igualdade política da democracia deve corresponder ao princípio da homogeneidade a partir do qual e em nome do qual possa se estabelecer a distinção entre cidadão e estrangeiro, entre iguais e desiguais, entre amigo e inimigo.[72]

Assim, podemos ver que Schmitt entendia que quanto mais unido for um povo, maior será a soberania popular. Isso porque povo unido, para o autor alemão, é aquele igual entre si, com mesmos valores culturais, língua, hábitos e religião. O conceito de igualdade é possível tão somente porque podemos identificar no mundo fenomênico algo que é diferente daquilo que se pretende igualar, ou seja, eu e o outro somos iguais porque identificamos um terceiro diferente de ambos. A igualdade, em Schmitt, depende da diferença.

Resta claro que o pensamento schmittiano é extremamente totalitário, uma vez que combate os conceitos de humanidade e pessoa, e

---

[72] BERCOVICI, Gilberto. *Constituição e Estado de exceção permanente*: atualidade de Weimar. Rio de Janeiro: Azougue, 2004, p. 79.

os direitos delas decorrente. Recorre o autor a Joseph de Maistre quando afirma que não existe o homem no mundo, existem franceses, italianos, russos etc., mas não o ser humano enquanto tal. Em análise subsequente, Zaffaroni diagnostica que foi com base nesse pensamento que Schmitt afirma que "toda invocação da *humanidade* [é] falta e suspeita de manipulação, porque qualquer limite ao poder do soberano frente ao *inimigo* acaba com o próprio conceito de *inimigo*, debilita o Estado e lhe impede de garantir a paz entre os cidadãos".[73]

Há clara recorrência a Hobbes, ao defender que, apesar do estado de direito e dos direitos serem uma boa forma de reger a vida política em tempos de paz, em havendo risco à segurança e à unidade do povo, a preservação do Estado sobrepõe-se aos direitos individuais.

No pensamento de Schmitt, a democracia representativa não funciona, pois eleger representantes que, num parlamento, editam leis, gera um discurso de legitimação do processo de escolha que, na verdade, não é nada mais do que uma forma de manipulação autoritária. Esteja ela personificada em uma pessoa ou em uma assembleia, a soberania é absoluta. Os eventualmente escolhidos como representantes serão sempre os que têm recursos para empreender uma campanha grande e eficaz, sustentando apenas aqueles que o apoiaram financeiramente. Além disso, a democracia representativa, ao tratar de um coletivo de pessoas que representam grupos sociais distintos, fortalece as desuniões de um povo, e não a sua união.

A forma de liderança estatal que mais se aproxima da unidade pretendida por Schmitt é a identificação carismática do povo com seu líder, um "sentimento de 'pertencimento' que torna a relação factível e fortalece os vínculos culturais deste povo, tornando-o forte e homogêneo".[74] Sem identificação com seu povo, o líder é ilegítimo e, assim, suas decisões não operam pelo binômio lógico de validade e

---

[73] ZAFFARONI, Eugenio Raúl. *O inimigo no direito penal*. Rio de Janeiro: Revan, 2011, p. 138.

[74] SERRANO, Pedro Estevam Alves Pinto. *Autoritarismo e golpes na América Latina*: breve ensaio sobre jurisdição e exceção. São Paulo: Alameda, 2016, p. 47.

invalidade, mas de legitimidade e ilegitimidade: quanto mais unido o povo, mais legítima é a liderança do soberano.

Enquanto na democracia do pós-guerra temos a decisão da maioria prevalecendo para a tomada de decisões, desde que haja respeito aos direitos das minorias, por conta da noção de liberdade em consonância com o direito individual, em Schmitt, a democracia é quase puramente grega, já que a decisão da maioria prevalece em detrimento de qualquer minoria.

O meio para a escolha do soberano não é a eleição, mas, mais forte que isso, a aclamação por identificação carismática, ou seja, se o povo está satisfeito, torna o líder soberano, e, se não o está, ele afasta seu líder também por aclamação. Foi assim que Hitler foi eleito, por aclamação, e não por um golpe de estado ou algo semelhante. Tornou-se soberano legitimamente.

Soberano é quem tem a capacidade de decretar quem é amigo e apontar quem são os inimigos, afirma Schmitt. Apenas se vê atuante a soberania quando em estado de exceção, no qual há suspensão dos direitos individuais, e não no estado de direito, pois neste, a relação de cidadania limita a atuação do Estado pelo reconhecimento dos direitos dos cidadãos, e a soberania não se realiza presa a correntes.

Na exceção, interessa tão somente a vontade geral do povo, e não os direitos individuais de cada cidadão, apenas há respeito e cumprimento do desejo do povo, inclusive com o reconhecimento da disponibilidade da vida de seus membros, e, em especial, dos inimigos. O ser humano que não faz parte dessa massa homogênea é decretado inimigo, perde sua humanidade, seu caráter de pessoa, seu nome, sua identidade, como vimos na catalogação numérica nos braços e nas portas dos judeus no Holocausto.

Em Schmitt, o Direito nunca pode substituir o fato que é a soberania. A soberania resume-se a decidir como agir em situações de conflito, onde a ordem normativa dissolve-se efetivamente. Na opinião do jurista alemão, a pré-condição e o contexto do conteúdo jurisdicional, neste caso, devem ser necessariamente ilimitados e o soberano fica fora do Direito. Tal como diz Schmitt:

> O que caracteriza uma exceção é principalmente a autoridade ilimitada, o que significa a suspensão de toda a ordem existente. Em tal situação, é claro que o estado permanece, enquanto a lei retrocede. (...) A existência do Estado é prova incontestável de sua superioridade sobre a validade da norma legal. A decisão se liberta de todos os laços normativos e se torna, no verdadeiro sentido, absoluta. O estado suspende a lei na exceção com base em seu direito de autopreservação, como se diria.[75]

A noção de que é apenas em um estado de exceção que podemos realmente indagar se o soberano está vinculado por um sistema de normas, encontra guarida e fundamento em Hobbes, pois o soberano trata o estado de direito como uma mera contingência, como dispensável. A filiação de Schmitt ao partido nazista – seu antissemitismo e seus esforços ideológicos para justificar as ações de Hitler – podem muito bem nos levar ao que ele expõe em suas opiniões.

2.3 O ESTADO PERMANENTE DE EXCEÇÃO

Criador de uma teoria mais compatível com as últimas décadas, Giorgio Agamben (1942-), filósofo italiano, aluno de Heidegger, tradutor de Walter Benjamin e coautor de obras com Deleuze, escreve a obra "Estado de exceção".[76] Dentre as suas inúmeras conquistas acadêmicas, ele lecionava na Universidade de Nova Iorque até decidir não pisar mais em terras americanas em protesto contra a política de segurança do governo Bush, principalmente porque via a concretude do que defendia: o arquétipo do moderno estado de exceção dá-se dentro do estado de direito.

Tal modelo de estado de exceção, segundo Agamben, pode ser considerado o *iustitium* romano, ou seja, ao sinal de perigo para a

---

[75] SCHMITT, Carl. *Political theology*. Chicago: University of Chicago Press, 2005, p. 12. *Tradução livre.*

[76] Alguns elementos já presentes em "(...) os homens, os viventes, são 'incessantemente remetidos à morte através de Cristo'". AGAMBEN, Giorgio. *A linguagem e a morte*: um seminário sobre o lugar da negatividade. Belo Horizonte: Ed. UFMG, 2006.

República, o Senado emite um *senatus consultum ultimum* – uma espécie de consulta última do Senado – requerendo alguma medida necessária à salvação do Estado. Tal pedido fundava-se num decreto que declarava o *tumultus*, isto é, a situação de emergência, dando lugar à proclamação do *iustitium*.

Esse termo significa a interrupção ou a suspensão do Direito, equivalente à produção de um "vazio jurídico", como assevera Serrano, "a resposta à necessidade de romper o ordenamento para salvá-lo".[77] Ao suspender o Direito, nenhum cidadão romano, fosse magistrado ou particular, tinha poderes ou deveres, isto é, o *iustitium* era verdadeira zona de anomia, um espaço vazio de direito.

Em oposição e crítica à teoria da exceção de Schmitt, Agamben desconstrói a pretensa justificativa jurídica por meio de mecanismos próprios de Estados ditatoriais:

> Isso vale na mesma medida para o estado de exceção moderno. O fato de haver confundido estado de exceção e ditadura é o limite que impediu Schmitt, em 1921, bem como Rossiter e Friedrich depois da Segunda Guerra Mundial, de resolverem as aporias do estado de exceção. Em ambos os casos, o erro era interessado, dado que, com certeza, era mais fácil justificar juridicamente o estado de exceção inscrevendo-o na tradição prestigiosa da ditadura romana do que restituindo-o ao seu autêntico, porém mais obscuro, paradigma genealógico no direito romano: o *iustitium*. Nessa perspectiva, o estado de exceção não se define, segundo o modelo ditatorial, como uma plenitude de poderes, um estado pleromatico do direito, mas, sim, como um estado keromatico, um vazio e uma interrupção do direito.[78]

Na exceção romana, questiona-se a natureza dos atos cometidos durante sua vigência, pois não há prescrição ou determinação jurídica

---

[77] SERRANO, Pedro Estevam Alves Pinto. *Autoritarismo e golpes na América Latina*: breve ensaio sobre jurisdição e exceção. São Paulo: Alameda, 2016, p. 61.

[78] AGAMBEN, Giorgio. *Estado de exceção*. Homo sacer, II, 1. São Paulo: Boitempo, 2004, p. 75.

que deve ser seguida por ninguém, não há Direito. Assim, o nome das ações realizadas em condições de anomia é inexecução do Direito, pois não há execução nem transgressão, já que ele não se mantém presente.

Partindo da contiguidade entre soberania e exceção cunhada em Schmitt, e na formulação da modernidade como estado de exceção permanente de Walter Benjamin, para quem "(...) o 'estado de exceção' em que vivemos é na verdade a regra geral",[79] Agamben cria sua própria teoria.

Em relação à ordem jurídica, o soberano, na exceção, está dentro e fora dela. Por um lado, dentro, porque é essa ordem que reconhece o poder de estabelecer a exceção e de suspender sua própria validade, e, também, fora, porque só o soberano, justamente, pode suspender a validade e a eficácia da dita ordem.

Ainda que seja paradoxal, a relação da exceção com a norma é de uma exclusão inclusiva, pois o que é excluído do estado de direito não deixa de se conectar com ele, já que o suspende. A regra aplica-se por sua desaplicação. Aduz Agamben que: "a exceção é o dispositivo original graças ao qual o direito se refere à vida e inclui em si por meio da sua própria suspensão, uma teoria do estado de exceção".[80]

Como já vimos no primeiro capítulo, entende-se por soberania, portanto, não um conceito externo ao Direito, conforme Schmitt, nem a norma suprema do ordenamento jurídico, como em Kelsen, mas a estrutura originária na qual o Direito refere-se à vida e a inclui nele, através da própria suspensão. De fato, é uma zona complexa e indeterminada, pois estando ao mesmo tempo dentro e fora do Direito, a soberania não pode ser rotulada de jurídica ou não-jurídica. Assim como Schmitt, Agamben acredita que a exceção confirma o Direito, pois a anomia, a zona vazia de Direito, confirma o âmbito de validade da regra, isto é, a situação normal.

---

[79] BENJAMIN, Walter. *Magia e técnica, arte e política*: ensaios sobre literatura e história da cultura. Tradução de Sérgio Paulo Rouanet. 7. ed. São Paulo: Brasiliense, 1994, p. 226.

[80] AGAMBEN, Giorgio. *Estado de exceção*. Homo sacer, II, 1. São Paulo: Boitempo, 2004, p. 12.

É no interior das democracias ocidentais contemporâneas que convive o estado de exceção enquanto permanência política, isto é, o tratamento de partes da população sem proteção política e jurídica. Nesse sentido, diz Antonio Negri: "Agamben reconhece e denuncia o fato que o estado de exceção (um estado de morte) agora abrange toda a estrutura de poder e esvazia de modo radical toda experiência e definição de democracia".[81]

Assim foi o *Patriot Act* estadunidense, de 2001, pelo qual os suspeitos de terrorismo eram presos sem que tivessem a condição jurídica de acusados ou de prisioneiros de guerra sob a égide da legislação dos EUA, ou seja, sem um estatuto jurídico do indivíduo, produzindo um ser juridicamente inominável e inclassificável, como explica Agamben.

Tal medida contraterrorista tomada às pressas, após o ataque do 11 de setembro de 2001, pelo governo dos Estados Unidos permitia, entre outras coisas, que os órgãos de segurança e de inteligência do país interceptassem ligações telefônicas e e-mails de organizações e pessoas supostamente envolvidas com o terrorismo, sem necessidade e sem qualquer autorização judiciária, fossem estrangeiras ou não.

O ato foi repetidamente prorrogado durante o governo Bush e, mais tarde, foi sancionado pelo governo Obama para durar até 2015. É certamente a ampliação do poder do Estado sem a intervenção do Judiciário, sob a alegação de combate ao "inimigo" terrorista.

Essa legislação, criada em 2001 e constantemente prorrogada, permite vigiar suspeitos de envolvimento em grupos terroristas, investigar documentos privados de instituições e pessoas, prender suspeitos sem culpa estabelecida e praticar interrogatórios intensivos, no mínimo questionáveis, além de monitorar conversas entre advogado e cliente em estabelecimentos prisionais. Ou seja, é a mais pura exceção travestida de medida contraterrorista emanada de uma suposta democracia.

---

[81] NEGRI, Antonio. "O Copérnico do pensamento". *Folha de São Paulo*, São Paulo, 12 out. 2003. Caderno Mais. Disponível em: https://www1.folha.uol.com.br/fsp/mais/fs1210200308.htm. Acesso em: 11 out. 2019.

Uma tentativa de desmistificação da exceção começaria a partir de uma concepção do Direito e do Estado como criaturas sociais, e conceituaria tanto o estado de direito quanto o estado de exceção como diferentes codificações do poder social dentro da mesma estrutura jurídica e, portanto, já dentro do Estado.

Isso ajuda a afastar a mistificação liberal do estado de direito como um conjunto de normas sem força. Nesse sentido, é papel do Estado, como principal produtor, revisor e garante do Direito, fazer negociações, contornar, alterar, oprimir e abolir tais normas.

Além disso, a extensão histórica em que é possível realizar alguma dessas ações varia de acordo com a configuração da dinâmica social e com a sua inscrição no marco institucional do Estado. Assim, se o soberano declarar um estado de exceção, no contexto em que a emergência permite, o conteúdo, a intensidade e a duração do momento excepcional e seu sucesso, dependendo do apoio, da tolerância ou da resistência da população, depende das forças sociais e da maneira como elas são representadas no Estado.

Quase trinta anos antes de Agamben apresentar a tese permanente de exceção, Poulantzas conceituou o estatismo autoritário como uma forma de estado em desenvolvimento para permitir ao Estado enfrentar uma crise permanente. A fraseologia dos dois autores parece semelhante, mas apenas superficialmente. Em vez de se referir a um estado geral-abstrato de exceção, Poulantzas[82] desenvolveu uma tipologia detalhada da crise – econômica, ideológica, política etc.

Ele observou que o crescente papel do Estado na administração da economia significava que é provável que uma crise em erupção em uma área seja transportada para outras áreas e gere outros tipos de crises. De qualquer forma, a crise ocorre como resultado de um antagonismo social agudo, não são apenas fenômenos técnicos, nem podem ser evocados pelo Estado por sua mera vontade. De fato, longe de ser subjetivamente

---

[82] POULANTZAS, Nicos. "The Political Crisis and the Crisis of the State". *In*: FREIBERG, J. W. (Coord.). *Critical sociology*: European perspectives. Nova York: Irvington, 1979.

onipotente, o Estado não tem poder próprio, pois se trata de uma relação social, e seu poder deriva do diferencial no equilíbrio entre as forças sociais.

A proliferação de elementos de emergência e sua incorporação no corpo jurídico principal indica que estamos no domínio do estatismo autoritário, que é a forma de Estado caracterizada precisamente pela incorporação de elementos autoritários dentro da roupagem institucional democrática.

Ainda assim, o estatismo autoritário já passou por configurações diferentes, o que vale a pena perguntar se a segurança interna é mais uma delas. A preferência por um poder Executivo ilimitado, exibido tanto pelo combate ao terrorismo quanto pela lei de emergência econômica, tem como premissas as concepções profundamente arraigadas decorrentes da filosofia política liberal clássica. Mesmo sendo válidos em sua época, no século XVIII, estão distorcendo seriamente a realidade contemporânea das instituições políticas.

A primeira premissa é que o poder Executivo é o mais adequado para agir em caso de emergência, pois compreende um ator unitário, pronto para uma ação não muito deliberada e rápida. Pelo contrário, nos Estados contemporâneos, o poder Executivo é um labirinto de diretorias, departamentos e agências cuja ação unitária não é um dado, mas uma possibilidade garantida por excesso de deliberação e intriga.

A segunda premissa é que o 11 de setembro de 2001 constituiu em um ataque genuíno ao corpo político do Estado, que precisou adotar uma ação rápida para se defender de uma ameaça existencial. Na verdade, o 11 de setembro de 2001 não representou uma ameaça séria à existência ou à ordem social dos EUA, e o Estado poderia desfrutar das vantagens de uma deliberação séria e completa no planejamento de sua reação.[83]

Os diferenciais de conhecimento inclinam ainda mais a balança do poder em favor do Executivo. Ao legislar o *Patriot Act*, o Congresso não tinha conhecimento detalhado das características específicas da crise

---

[83] SCHEUERMAN, William. "Rethinking crisis government". *Constellations: an International Journal of Critical and Democratic Theory*, vol. 9, n. 4, pp. 492-505, dez. 2002.

ou de suas causas. Todo o conhecimento dos fatos que cercam o 11 de setembro derivou das agências de inteligência do Poder Executivo. A única deliberação ocorreu a portas fechadas entre um conjunto restrito de membros.

Os eventos imediatamente após os ataques de 11 de setembro de 2001 no World Trade Center falam por si. Todas as principais redes de notícias e canais de televisão empenharam-se, durante os cinco dias subsequentes aos ataques, em fornecer imagens da tragédia que resultou em vidas perdidas. A constante cobertura noticiosa arraigada nas imagens específicas da imaginação pública e da memória coletiva – a colisão dos aviões no *World Trade Center* e no Pentágono, as pessoas pulando dos prédios para acabar com o sofrimento e a ação heroica dos 45 passageiros e tripulantes do Voo 93 da *United Airlines*, que caiu na Pensilvânia – serviram de fundamento pelo qual as liberdades civis foram restringidas em nome da segurança nacional com o *Patriot Act*.

2.4 A NOVA ROUPAGEM DA EXCEPCIONALIDADE E AS MEDIDAS DE EXCEÇÃO NAS DEMOCRACIAS

Marie Goupy, filósofa francesa, ressalta a necessidade de ir além da superficialidade para aprofundar, em termos teóricos, o conceito de estado de exceção. É fundamental, portanto, revisitar o processo de racionalização do Direito a partir do século XVII até a sistematização do conceito na obra de Schmitt.

Isso porque, em Schmitt, o estado de exceção é uma oposição ao estado liberal. A exceção restabelece a autoridade política e, nesse sentido, não há problema em intervir para se restabelecer uma ordem sob a qual o Direito funciona, uma ordem que foge do domínio social, como mostra Schmitt, a partir da histórica racionalização do Direito.

Na obra *L'état d'exception ou l'impuissance autoritaire de l'État à l'époque du libéralisme*[84], Goupy analisou as leis excepcionais nas doutrinas franco-alemãs do século XX e as comparou com o momento atual.

---

[84] GOUPY, Marie. *L'état d'exception ou l'impuissance autoritaire de l'État à l'époque du libéralisme*. Paris: CNRS, 2016.

A França decretou estado de emergência em novembro de 2015, por exemplo. Uma medida que refletiu a renovação contínua de uma legislação excepcional em muitos países ocidentais desde os ataques de 11 de setembro de 2001. Isso incutiu na filósofa a necessidade de se repensar o exercício dos poderes de crise e a noção mais ampla de um estado de exceção.

Goupy admite que, ao contrário do estado de emergência, o estado de exceção é uma noção legalmente não qualificada e difícil de entender. No entanto, é um elemento muito importante nos discursos políticos, midiáticos e acadêmicos.

Ao contrário de um método baseado em analisar crises para tentar entender o estado de exceção, Marie Goupy propõe partir da expansão do esquema dessa noção para explicar a transformação da ordem liberal. Assim como o sentimento muito contemporâneo de viver na era da excepcionalidade: "*il se pourrait (...) que le sentiment de vivre en situation de crise constitue l'un des grands sentiments du XXe siècle – et que dire du XXIe ?*".[85]

Do mesmo modo que Henry Laurens considera o terrorismo como uma "figura histórica",[86] Goupy vê o estado de exceção como um conceito historicamente construído por Carl Schmitt, e não como um conceito abstrato suscetível, um estudo sistemático da antiguidade até os dias atuais.

Marie Goupy pretende explicar as razões do sucesso contemporâneo da noção de estado de exceção, bem como a maneira pela qual a teoria schmittiana poderia ser concebida como uma "théorie du bon usage de la crise dans un ordre libéral".[87] A reflexão é dividida em duas partes: a

---

[85] GOUPY, Marie. *L'état d'exception ou l'impuissance autoritaire de l'État à l'époque du libéralisme*. Paris: CNRS, 2016, p. 299.

[86] LAURENS, Henry. "Le terrorisme comme personnage historique". *In*: LAURENS, Henry; DELMAS-MARTY Mireille (Coords.). *Terrorismes*: Histoire et droit. Paris: CNRS Éditions, 2010.

[87] GOUPY, Marie. *L'état d'exception ou l'impuissance autoritaire de l'État à l'époque du libéralisme*. Paris: CNRS, 2016, p. 27.

restituição do arcabouço teórico em que a teoria schmittiana do estado de exceção apareceu e, depois, a identificação de suas particularidades.

Goupy mostra uma imagem completa dos conflitos doutrinários sobre a interpretação dos poderes de crise desde o final do século XIX até a Segunda Guerra Mundial. O pensamento do jurista alemão é, portanto, confrontado, ao longo da obra principal de Goupy, com os pensamentos de Marx, Weber e Kelsen.

De 1922 a 1932, os respectivos anos de publicação de *Teologia política* e de *Legalidade e legitimidade*, Carl Schmitt analisa a ordem liberal concebida como uma ordem institucional, como uma visão de mundo e como uma práxis. A expansão do esquema do estado de exceção seria a confissão de impotência de um regime liberal despolitizado, encarnado notavelmente na República de Weimar.

Marie Goupy propõe a hipótese segundo a qual a teoria schmittiana, construída como uma alternativa ao racionalismo liberal, poderia ser considerada como fruto de uma estratégia de repolitização da ordem liberal, dentro da qual o estado de exceção se tornaria a decisão política autoritária única em uma ordem estruturalmente despolitizada.[88]

Toda a teoria schmittiana, escrita em um contexto geralmente descrito como uma situação de crise permanente, deve ser considerada como um pensamento próprio da crise, pois esta pode ser definida como uma ruptura do comum imposto por sua necessidade, bem como uma noção agora inevitável do campo político-midiático.

A crítica sociológica do conceito de estado de exceção, como a realizada em outros campos disciplinares, particularmente na história e no direito, indubitavelmente levou a enfatizar os limites de abordagens abstratas demais para o estado da arte.

Não obstante, a oposição estabelecida entre a concepção de poder soberano e de microfísica, que tende a constituir mecanicamente o

[88] GOUPY, Marie. *L'état d'exception ou l'impuissance autoritaire de l'État à l'époque du libéralisme*. Paris: CNRS, 2016, p. 311.

próprio conceito de um estado de exceção nos conceitos abstratos e conservadores, não nos permite apreender o significado do instituto.

É por isso que os debates teóricos e epistemológicos que cercam o estado de exceção devem ser questionados em suas intenções e em seus efeitos sobre essas transformações. Pois não há dúvida, é claro, que nos debates em torno do estado de exceção, há posições tomadas em torno da natureza do poder.

Mas não é absolutamente certo que a importância das posições teóricas e epistemológicas sejam definitivamente fixas, como se qualquer concepção legal de poder fosse mecanicamente conservadora, independentemente dos contextos político e teórico em que são formuladas. É por isso que o entrelaçamento particular de questões políticas e epistemológicas requer um esforço específico de reflexividade, por parte de Goupy.

O estado de exceção, segundo Goupy, é o nome dado por nosso tempo a um conjunto de transformações em termos de normas e práticas jurídico-políticas, por discursos que participam de uma economia de poder que ele deve ser interpretado sistematicamente.

Pedro Serrano, no mesmo ínterim, crê que a exceção nas últimas décadas não é declarada, mas atua na rotina das sociedades ditas democráticas, convivendo com as prerrogativas excepcionais previstas no próprio Direito para situações de defesa do Estado ou da sociedade.

É uma mudança da natureza da exceção, não há mais interrupção do Estado democrático para instaurar o de exceção, mas mecanismos do autoritarismo típicos de exceção que passam a existir e conviver dentro da rotina democrática como verdadeira técnica de governo. Afirma Pedro Serrano:

> (...) a exceção não se localiza, na atualidade, apenas no âmbito da crise política ou na situação excepcional e temporária imaginada por Carl Schmitt, em que surge o Estado de necessidade estatal como razão para a submissão do direito ao poder soberano do governo. Ela ocorre também no interior da rotina de nossas sociedades democráticas, como espaço de soberania absolutista, suspensiva do direito e dos direitos.[89]

---

[89] SERRANO, Pedro Estevam Alves Pinto. *Autoritarismo e golpes na América Latina*: breve ensaio sobre jurisdição e exceção. São Paulo: Alameda, 2016, p. 27.

Assim, os Estados, sem abrir mão do ordenamento jurídico que os governa, utilizam-se do próprio Direito para deturpá-lo: instauram, paulatinamente, medidas de exceção dentro das democracias. "A suspensão de direitos caracterizadora da exceção ocorre como leis, atos ou condutas estatais no interior da rotina dos regimes democráticos",[90] afirma Serrano.

Uma das grandes preocupações daqueles que, no campo da política e do Direito, se dispõem a debater e a compreender este começo de século é o surgimento de novas formas de autoritarismo e de uma crescente onda de medidas autoritárias instauradas no interior de regimes democráticos.

Em várias partes do mundo e, especialmente, na América Latina e no Brasil, diz Serrano, vemos o recrudescimento dessas medidas que resultam em brutais retrocessos no campo dos direitos. A esse fenômeno, Serrano dá o nome de autoritarismo líquido.[91]

O autoritarismo líquido, segundo o jurista, é caracterizado pela produção intensa de medidas de exceção no interior das democracias. Assim, ele não é exercido pela via de um governo de exceção clássico, como as ditaduras militares, os regimes nazifascistas ou o bonapartismo. É mais sutil e menos evidente na forma, embora seu conteúdo seja violento e suspensor de direitos.

De fato, todo regime democrático está sujeito à ocorrência eventual de medidas autoritárias no seu interior, isto é, o sistema pode ter disfunções. Não é disso que Serrano trata. No caso do autoritarismo líquido, não são medidas isoladas, mas reiteradas, uma patologia, pois se dá com uma recorrência muito maior do que seria admissível num sistema democrático de intensidade regular.

---

[90] SERRANO, Pedro Estevam Alves Pinto. "Refugiados e exceção". *In*: PINTO, Eduardo Vera-Cruz; PERAZZOLO, José Rodolpho; SILVA, Marco Antonio Marques da; CICCO, Maria Cristina de (Coords.) *Refugiados, imigrantes e igualdade dos povos*. São Paulo: Quartier Latin, 2017, p. 1110.

[91] SERRANO, Pedro Estevam Alves Pinto. "Medidas de exceção e o autoritarismo líquido do século XXI". *Revista Fórum*, 22 nov. 2019, Redação. Disponível em: https://revistaforum.com.br/blogs/aterraeredonda/medidas-de-excecao-e-o-autoritarismo-liquido-do-seculo-xxi-por-pedro-serrano/. Acesso em: 22 nov. 2019.

Segundo Pedro Serrano, a medida de exceção constitui uma fraude no sentido jurídico da expressão, uma vez que, apesar de ter uma aparência de regularidade constitucional e democrática, ela possui conteúdo material tirânico. Serrano exemplifica com os processos penais de exceção que, sob a fachada de processo que cumpre os comandos constitucionais e legais, trata o réu como inimigo a ser perseguido, e não como cidadão que cometeu algum erro.

Entende o jurista que houve uma mudança muito grande na forma e, por consequência, na natureza do autoritarismo do século XX para o do século XXI, pois nos modelos típicos do século passado, instituíam-se governos em que o estado de exceção se instaurava como medida de emergência, sempre amparado no discurso da defesa da segurança do Estado e da sociedade, e, sob o pretexto de se garantir a segurança e a paz social, realizava-se o combate ao inimigo, suspendendo seus direitos.

No plano jurídico, o que ficou de legado do pós-guerra foi a formulação de um sistema pautado em constituições rígidas, que não permite mais que decisões políticas sejam tomadas de forma totalmente arbitrária, obrigando os governantes a respeitar os direitos individuais.

Serrano também enxerga que, na Europa e nos Estados Unidos, essas medidas de exceção, em geral, são ou produzidas pelo Executivo ou pelo Legislativo e estão inseridas geralmente no ambiente de um regime jurídico especial de proteção à segurança nacional, que elege como inimigo o estrangeiro, o terrorista identificado com o muçulmano, a título exemplificativo.[92]

A consequência do autoritarismo líquido, do uso intenso e patológico das medidas de exceção, é o esvaziamento de sentido das constituições e, efetivamente, da proteção do ser humano. Isso significa que, embora a constituição continue em vigor formalmente, a interpretação dada aos direitos e a garantia que ela prevê é tão restritiva que esgota

---

92 SERRANO, Pedro Estevam Alves Pinto. "Refugiados e exceção". In: PINTO, Eduardo Vera-Cruz; PERAZZOLO, José Rodolpho; SILVA, Marco Antonio Marques da; CICCO, Maria Cristina de (Coords.) *Refugiados, imigrantes e igualdade dos povos*. São Paulo: Quartier Latin, 2017.

seu conteúdo. Ocorre uma retirada do sentido material da constituição, sem se retirar sua validade formal.

> Como num balão de ensaio, o autoritarismo vai sendo experimentado e gesta como produto o adensamento dessa ideologia autoritária, que se traduz num populismo de extrema direita diferente do populismo de extrema direita do século XX, justamente porque se estabelece no meio desse mecanismo líquido de autoritarismo. Os líderes autoritários de agora chegam ao poder pela via da democracia, fazendo uso de direitos e de estruturas da democracia. Sem precisar romper com o ciclo democrático e, em certa medida, fazendo disso um trunfo, praticam cotidianamente medidas de exceção, fundamentando-as ideologicamente.[93]

Contudo, para além da previsão de medidas de exceção dentro das democracias, na relação interna Estado-indivíduo, e no direito comparado, como o fazem Goupy e Serrano, defendo, nesta obra, também, a instauração de um regime de exceção no próprio Direito internacional, na relação Estado-Estado, mas principalmente na relação entre Estados com alto poder econômico-financeiro e influência política e os Estados não-protagonistas das relações internacionais. Afinal, o Direito Internacional serve aos indivíduos e aos Estados que, costumeiramente, saem desfavorecidos nas discussões a nível mundial, e, se há uma hipótese na qual podemos dizer "direito do Estado" e não confundir com o exercício de algum poder conferido pela ordem jurídica interna, é na seara internacional.

---

[93] SERRANO, Pedro Estevam Alves Pinto. "Medidas de exceção e o autoritarismo líquido do século XXI". *Revista Fórum*, 22 nov. 2019, Redação. Disponível em: https://revistaforum.com.br/blogs/aterraeredonda/medidas-de-excecao-e-o-autoritarismo-liquido-do-seculo-xxi-por-pedro-serrano/. Acesso em: 22 nov. 2019.

Capítulo III

OS DIREITOS HUMANOS COMO PATAMAR UNIVERSAL IRREDUTÍVEL

Na teoria e na prática, como vimos no primeiro capítulo, os princípios da soberania há muito não são descritos como absolutos. Há quase um consenso sobre a afirmação de que os Estados têm inúmeras obrigações para com seus cidadãos e com a comunidade em geral, e que a arquitetura da governança global exige um ajuste adicional na adaptação dos Estados às suas novas responsabilidades.

Em *O direito dos povos*, John Rawls[94] observa que o acordo pós--Segunda Guerra Mundial continha dois elementos revolucionários: os propósitos legais da guerra eram restritos à autodefesa e à proteção da segurança internacional; e as prerrogativas tradicionais de soberania eram limitadas por uma doutrina internacional de direitos humanos.

Por mais improvável que a segunda dessas iniciativas possa ter aparecido logo após a guerra, hoje, não há dúvida de que os direitos humanos alcançaram o status de uma língua franca do discurso moral global.

Para defendermos que Estados como os europeus e os Estados Unidos da América ajam de modo a suspender a ordem jurídica

---

[94] RAWLS, John. *O direito dos povos*. São Paulo: Martins Fontes, 2001.

internacional, notadamente no que tange à proteção humana em tempos de paz e de conflito – Direito Internacional dos Direitos Humanos e Direito Internacional Humanitário –, construiremos uma sólida base protetiva do ser humano no presente capítulo.

Partilhamos da divisão histórica da visão de direitos humanos anotada por Charles Beitz, para quem "we treat international human rights as a normative practice to be grasped sui generis and consider how the idea of a human right functions within it".[95] Ainda, ele subdivide as concepções de direitos humanos em: (i) ideal, vinculada ao direito natural; (ii) como pacto, constituída por tratados e convenções; e (iii) como prática social historicamente reiterada.

Assim, iniciaremos com a visão de direitos humanos como ideia, estudando a partir de Alain Badiou a origem do conceito de pessoa humana, de Paulo de Tarso, perpassando pelo direito natural de Hugo Grotius e pela universalidade de Kant.

Em seguida, veremos os direitos humanos como pacto, como tratados e como convenções que estabelecem um patamar de proteção, analisando a humanização do Direito Internacional em Cançado Trindade.

E, por fim, defenderemos a visão de direitos humanos com prática social irredutível, com o *common ground* jurídico internacional em Dworkin e as teorias mais recentes de Flávia Piovesan e Fábio Konder Comparato, defensores da proteção jurídica humana independente de sua previsão formal positivada.

3.1 DIREITOS HUMANOS COMO IDEIA

Como marco inicial desta análise, tomamos o estudo de Alain Badiou acerca de Paulo de Tarso (5-67), depois intitulado "São Paulo", pois foi este que difundiu, em primeiro lugar, um conceito formal de pessoa, que, mais tarde, seria secularizado e contribuiria para as teorias de direito natural.

---

[95] BEITZ, Charles. *The Idea of Human Rights*. Oxford: Oxford University Press, 2009, p. 12.

Nas epístolas, Paulo de Tarso elaborou uma representação dos fatos a partir de pressupostos judaicos e gregos e, sobre a sua conceituação de homem, apresentou algumas inserções de originalidade, como o homem de fé.

A nova relação estabelecida entre o novo conceito de sagrado, apoiada na premissa de que Deus é o criador da humanidade e assume o caráter pessoal de Pai, enquanto criador e protetor da humanidade. O conceito judaico de Deus abarcava a supremacia e o poder ordenador de criar, e no Gênesis, primeiro livro do Pentateuco judaico – os cinco primeiros livros do Antigo Testamento –, é relatada a formação do homem à imagem e semelhança do Criador.

Partindo desta premissa, o conceito de homem, em Paulo de Tarso, fundamenta-se, em primeira instância, em características judaicas. Para o judaísmo, porém, não havia a noção de perfeição humana, apenas Deus era perfeito. No Novo Testamento, esse modelo de perfeição é apresentado em Cristo, expressão do próprio Deus na Terra.

Cristo, portanto, é o verdadeiro modelo de homem ideal em Paulo de Tarso, ele é o exemplo de referencial de perfeição educacional, que, por isso, deve ser imitado. Juntando homem e Deus, sem, contudo, confundir com os referenciais gregos de perfeição humana, Paulo de Tarso instaura um novo conceito de homem – o homem santificado.

A visão de mundo de Paulo é dualista: diferenciando o "mundo" e o "reino"; enfatizando o mundo temporal e o sobrenatural, destacando o bem e o mal; também, quanto ao seu conceito de homem, Paulo de Tarso é dual. O homem, em Paulo de Tarso, assumiu características dualistas, e essa dualidade também é percebida na questão da concepção do conhecimento, dividindo o homem em carnal e espiritual – Pai e Filho.

O discurso grego e o judeu são ambos discursos focados no Pai, por isso que eles ligam as comunidades a alguma forma de obediência, seja ao Cosmos, ao Império, a Deus ou ao Direito. Por outro lado, somente aquilo que se apresenta como discurso voltado ao Filho tem potencial para ser universal.

Para Paulo, o surgimento da instância do Filho está essencialmente ligado à convicção de que o discurso cristão era absolutamente novo. A mensagem passada por Deus pelo envio de seu Filho foi principalmente uma intervenção na História, através da qual se esquece um acerto de contas transcendente em conformidade com as leis de uma época, e se enxerga a humanidade do Filho.

O envio ou nascimento do Filho nomeia essa ruptura, pois passa a ser o Filho, e não o Pai, que é exemplar, e nos ordena a não confiar mais em nenhum discurso que reivindique a forma de domínio. Em sendo o Filho, é também o Irmão, e ensina que, apenas pelo outro ser humano sê-lo, já é merecedor de respeito e igualdade de condições.

> And above all, he argues against moral judgment, which in his eyes is an evasion before the event's "for all": "You, why do you pass judgment on your brother? Or you, why do you despise your brother? ... Then let us no more pass judgment on one another" (Rom. 14.10-13).[96]

Por ser o universalismo a paixão de Paulo, ele foi nomeado "apóstolo das nações". Sua convicção mais clara é que a figura eventual da Ressurreição excede seu local real e contingente, que é a comunidade de crentes como ela existe no momento.

A obra do amor ainda está diante de nós, demonstra Badiou, lembrando Paulo, pois o império é vasto. Todo homem ou todo povo que é, para todas as aparências, ímpio e ignorante, deve ser visto principalmente como aqueles a quem o militante deve trazer as boas novas. O universalismo de Paulo não permite que o conteúdo da esperança seja um privilégio concedido aos fiéis que vivem agora.

Isso se dá porque é inadequado fazer da justiça distributiva um referente da esperança. Finalmente, aos olhos de Paulo, a esperança não se refere a uma vitória objetiva. Pelo contrário, é a vitória subjetiva que produz esse sentimento.

---

[96] BADIOU, Alain. *Saint Paul*: the foundations of universalism. Stanford: Stanford University Press, 2003, p. 101.

> E nos alegramos em nossa esperança de compartilhar a glória de Deus. Para além disso, nos alegramos em nossos sofrimentos, sabendo que o sofrimento produz paciência, e paciência produz fidelidade duradoura, e fidelidade duradoura produz esperança, e a esperança não decepciona (Rom. 5.2).[97]

Demonstrando o inconformismo de Cristo com a concepção nacionalista de religião do judaísmo, dos evangelhos de Mateus (8:11) e de Lucas (13:29) consta que, conforme as palavras de Jesus, "eu vos digo que muitos virão do oriente e do ocidente, e assentar-se-ão à mesa com Abraão, e Isaque, e Jacó, no reino dos céus",[98] enquanto Paulo de Tarso, por outro lado, verdadeiro fundador da religião cristã enquanto corpo doutrinário, professava, na Epístola aos Gálatas ("Da Escravidão para a Liberdade"), que "não há judeu nem grego; não há servo nem livre; não há homem nem mulher; porque todos vós sois um em Cristo Jesus." (3:28).[99]

Com efeito, em várias outras passagens bíblicas, infere-se que a antropologia universal do Novo Testamento baseia-se na opção cristã pela acolhida e salvação de todos os homens, aqui entendido como todo ser humano.

Já em Hugo Grotius (1583-1645), pensador holandês fundador do Direito Internacional com Francisco de Vitória e Aberico Gentilli, há uma defesa do direito natural. O direito civil deve apoiar-se no direito natural e nunca o contrariar. Há, então, entre o direito civil e o direito natural duas diferenças essenciais.

O direito civil não é apenas o direito local, particular a cada Estado, além disso, ele faz parte do que Grotius chama o direito voluntário, pois

---

[97] BADIOU, Alain. *Saint Paul*: the foundations of universalism. Stanford: Stanford University Press, 2003, p. 95. *Tradução livre.*

[98] Bíblia Sagrada. Salt Lake City: A Igreja de Jesus Cristo dos Santos dos Últimos Dias, 2015, pp. 1459 e 1582.

[99] Bíblia Sagrada. Salt Lake City: A Igreja de Jesus Cristo dos Santos dos Últimos Dias, 2015, p. 1792.

as leis civis propriamente ditas não têm força de obrigação a não ser pela vontade daquele que detém o poder supremo no Estado, enquanto as leis naturais tiram sua autoridade da razão.

A origem da obrigação não é a mesma quando se trata das leis civis ou das leis naturais. Estas últimas são imutáveis e fundadas sobre a natureza do homem, aquelas, ao contrário, dependem unicamente da vontade soberana ou do legislador.

Na obra *O direito da guerra e da paz,*[100] ao advogar para a Companhia das Índias Holandesas, com a intenção de fazer aumentar as posses coloniais e desenvolver o comércio, Grotius defende a humanização das guerras e a manutenção da paz. Além disso, constrói uma teoria na qual a fonte do direito é a moral neo-estoica, laica, e a razão natural que Deus inscreveu na alma humana, cuja validade se mantém pela própria natureza, independentemente de fronteiras ou de opiniões. Isso significa que todos os homens têm um parentesco natural.

Assim, cada um pode preservar a si mesmo, aumentar seu patrimônio, cumprir promessas e não prejudicar ninguém. A fama da doutrina de Grotius deu-se principalmente pela base do seu pensamento estar no conceito de "kosmopolis", como assevera Álvaro Luis de Azevedo Travessos Gonzaga:

> A grande audiência que teve a doutrina do direito de Grócio justifica-se pois é baseada no conceito de *kosmopolis*[25] e favorecida por uma época de Estados pertencentes a confissões cristãs diferentes, um direito natural baseado na moral estoica, laica (ou dessacralizado) e tendente a formar uma comunidade humana. A fonte última do direito, portanto, será a moral – pois o justo está no homem (ao contrário de Aristóteles em que o justo se encontra também nas coisas) e na sua razão, que lhe é essência.[101]

---

[100] GROTIUS, Hugo. *O direito da guerra e da paz*. Porto Alegre: Unijuí, 2005.

[101] GONZAGA, Álvaro Luis de Azevedo Travassos. *Direito Natural e Jusnaturalismo*. Enciclopédia jurídica da PUC-SP. Celso Fernandes Campilongo, Alvaro de Azevedo Gonzaga e André Luiz Freire (Coords.). Tomo: Teoria Geral e Filosofia do Direito.

O direito natural, assim, é o ditado da reta razão presente no homem: *Jus est regula actuum moralium obligans ad id quod rectum est*, ou seja, os primeiros princípios do direito são as regras morais inscritas na consciência do homem.

Em períodos de transição governamental de Estados anteriormente autoritários fundados no indivíduo, surgem governos democráticos que buscam, senão, a unidade, ao menos, da maioria.

O jusnaturalismo teve uma importância muito acentuada na formação de uma mentalidade tolerante. Tornou-se uma filosofia do direito que defendeu que o direito construído ou positivo deve fundamentar-se no direito natural.

São duas as ideias principais que se interligam. Em primeiro lugar, a ética sustenta que há princípios morais e de justiça universalmente válidos e acessíveis à razão humana; e, em segundo lugar, há numa concepção de justiça que faz depender as leis de tais princípios.

Na doutrina jusnaturalista, o direito natural identifica-se com uma ética jurídica que assenta na ideia de que o homem tem, por sua especificidade, uma dignidade natural. Isso significa que todo ser humano possui características que lhe dão uma dignidade própria, relevando o sentido humano.

Aceitar e respeitar os valores da dignidade humana conferidos pelos direitos humanos torna-se obrigatório para qualquer sociedade. Tais valores, como proibir, prestar falsos testemunhos, torturar, assassinar, rejeitar o direito a uma identidade pessoal, etc., constituem pressupostos de convivência e reconhecimento recíproco como pessoas.

O jusnaturalismo afirma existir um direito natural metafísico, que transcende a história, eterno e imutável que serve de base ao direito positivo. Distingue-se, por isso, do positivismo jurídico, o qual afirma

---

Celso Fernandes Campilongo, Alvaro de Azevedo Gonzaga, André Luiz Freire (Coord. de tomo). 1. ed. São Paulo: Pontifícia Universidade Católica de São Paulo, 2017. Disponível em: https://enciclopediajuridica.pucsp.br/verbete/63/edicao-1/direito-natural-e-jusnaturalismo. Acesso em: 20 ago. 2019.

que todo o direito é um construído a partir da experiência da relação que os homens estabelecem entre si e como expressão de uma vontade majoritária ou da autoridade que a representa.

Assim, se as leis naturais e as leis civis diferem por sua extensão e por seu princípio, o direito civil positivo e o direito natural se parecem por seu conteúdo. O direito positivo não deve nada prescrever que seja contrário à lei natural, mas deve tornar mais segura a prática das máximas do direito natural, ou seja, a maior parte das leis civis é destinada a reforçar, unindo a autoridade do soberano àquela da reta razão, as obrigações da lei natural. Afinal, é por isso que as sociedades civis foram criadas.

Em ambos os livros *De Jure Praedae*[102] e *O direito da guerra e da paz,*[103] Grotius apresentou esses princípios da lei natural como eles próprios derivados de alguns compromissos meta-éticos, e o caráter desses compromissos trouxe uma extensa recuperação, tanto em seu próprio tempo como em outros tempos.

Muito embora os Prolegômenos da primeira obra tenham começado com a simples declaração "O que Deus mostrou ser Sua Vontade, isso é lei",[104] mesmo nesse trabalho, Grotius recusou-se a derivar as leis da natureza de oráculos e presságios sobrenaturais. Em vez disso, tais leis deveriam ser deduzidas unicamente do desígnio do Criador, como manifestado na constituição geralmente reconhecida do mundo natural.

Os defensores de uma variedade de tradições intelectuais bem estabelecidas também tentaram se apropriar de Grotius à suas causas. De acordo com seu status de pai do Direito Internacional moderno, na história do pensamento político, Grotius é mais comumente caracterizado como um membro eminente da tradição do direito natural.

---

[102] GROTIUS, Hugo. *De iure praedae*. Edição bilíngüe. Tradução, introdução e notas de Primitivo Mariño Gomez. Madri: Centro de Estúdios Constitucionales, 1987.

[103] GROTIUS, Hugo. *O direito da guerra e da paz*. vol. 1. Tradução de Ciro Mioranza. Ijuí: Unijuí, 2005. (Coleção clássicos do direito internacional).

[104] GROTIUS, Hugo. *Commentary on the Law of Prize and Booty*. Indianapolis: Liberty Fund. (Natural Law and Elightenment Classics) *Tradução livre.*

Em resumo, Grotius deixou três inovações que apresentou: de início, tratar a justiça como uma questão de observância e exercício de direitos individuais; em segundo lugar, separar da teologia o estudo dos direitos; e, por fim, desvencilhar a filosofia política da busca pela forma ideal de governo graças ao reconhecimento da possibilidade de existência de formas diversas e igualmente legítimas, criadas por diferentes povos, no exercício de seus direitos em diferentes circunstâncias.

Em Immanuel Kant (1724-1803), por seu turno, o universalismo tem protagonismo. Segundo Kant, o estado civil não é criado para eliminar o direito natural, mas para possibilitar seu exercício através da coação. Assim, Estado e direito natural trabalham juntos.

Desse modo, a noção de direito natural está desenvolvida na "Metafísica dos costumes"[105] e nada tem a ver com o que a noção possuía entre os escolásticos ou mesmo entre os modernos, como Grotius. Segundo Kant, as leis naturais correspondem às leis externas, cuja obrigatoriedade pode ser reconhecida *a priori* pela razão.

O que transforma uma certa ação pautada na obrigatoriedade moral em dever é o que Kant chama de lei prática. Neste sentido, percebe-se que o autor criou uma filosofia da história política, uma vez que encontrou na natureza do homem uma garantia que assegurava o sentido das ações efetivas da humanidade. Mas esse sentido político refere-se apenas à liberdade externa. A liberdade interna do ser humano deve realizar-se também na história e tornar efetivo nela o reino da moralidade.

Inclusive, a Declaração Universal dos Direitos Humanos, de 1948, é uma resposta a esse vento filosófico fundamental em razão dessa hostilidade universal que aconteceu nas duas guerras. Kant, na obra *A paz perpétua*, coloca a sua grande proposta de hospitalidade universal.

Além da ideia de hospitalidade universal, há a defesa da dignidade da pessoa humana. A partir de Kant, o sujeito é, digamos assim, consagrado

[105] KANT, Immanuel. "Fundamentação da metafísica dos costumes". *In*: KANT, Immanuel. *Textos selecionados*. Seleção de textos de Marilena de Souza Chauí. São Paulo: Abril Cultural, 1974, pp. 101-162.

filosoficamente como a grande importância. E, nesse sentido, a importância passa a se tornar um processo universal. Esse sistema normativo internacional de proteção dos direitos humanos, a exemplo do sistema da Organização das Nações Unidas (ONU) e da Organização dos Estados Americanos (OEA), tem como pano de fundo a importância de Kant na consagração dessa ideia.

No assunto da guerra, apesar de admitir a guerra preventiva em caso de grave ameaça ao equilíbrio existente, Kant refuta categoricamente a guerra que persegue o extermínio do adversário, sua sujeição ou castigo, posto que uma guerra entre Estados independentes sob nenhum conceito poderia ser punitiva, partindo da base que um castigo somente cabe na relação superior-súdito.

Continua Kant o seu discurso recusando a interferência, por força, das potências hegemônicas nas competências dos Estados menos fortes, já que semelhante atentado contra a soberania quebra as regras do jogo da ordem internacional. Formula assim, de modo singular, o princípio da não-intervenção recíproca nos assuntos internos nos seguintes termos: "nenhum Estado deve intrometer-se pela força na constituição e governo de outro", pois "o que lhe daria direito a isto?".[106]

Enquanto o princípio da dignidade humana, em Kant, entende-se a exigência enunciada pelo filósofo como segunda fórmula do imperativo categórico, isto é, o comando de agir de tal maneira que a humanidade seja tratada, seja na pessoa do pensante como na pessoa de qualquer outro, sempre também como um fim e nunca unicamente como um meio.

Esse imperativo estabelece que todo ser humano, como fim em si mesmo, possui um valor não relativo, mas intrínseco, ou seja, a dignidade. Na incerteza das valorações morais do mundo contemporâneo, que aumentou com as duas guerras mundiais, pode-se dizer que a exigência da dignidade do ser humano venceu uma prova, revelando-se

---

[106] KANT, Immanuel. *Para a paz perpétua*. Ensaio introdutório de Joám Evans Pim. Tradução de Bárbara Kristensen. Rianxo: Instituto Galego de Estudos de Segurança Internacional e da Paz, 2006, p. 60.

como pedra de toque para a aceitação dos ideais ou das formas de vida instauradas ou propostas.

Nesse sentido, Fábio Konder Comparato destaca:

> A escravidão acabou sendo universalmente abolida, como instituto jurídico, somente no século XX. Mas a concepção kantiana da dignidade da pessoa como um fim em si leva à condenação de muitas práticas de aviltamento da pessoa à condição de coisa, além da clássica escravidão, tais como o engano de outrem mediante falsas promessas, ou os atentados cometidos contra os bens alheios. Ademais, disse o filósofo, se o fim natural de todos os homens é a realização de sua própria felicidade, não basta agir de modo a não prejudicar ninguém. Isto seria uma máxima meramente negativa. Tratar a humanidade como um fim em si implica o dever de favorecer, tanto quanto possível, o fim de outrem. Pois, sendo o sujeito um fim em si mesmo, é preciso que os fins de outrem sejam por mim considerados também como meus.[107]

No entanto, é importante notar a insistência de Kant em dizer que a dignidade humana é mais bem concebida como subordinada à independência jurídica dos Estados e, portanto, deve ser exercida apenas "indiretamente".[108] O dever de não-intervenção e a obrigação de observar tratados, *pacta sunt servanda*, estão entre os aspectos centrais da governança internacional.[109]

Apesar do exposto, a ideia de direitos válidos de modo universal e categórico, como fundamento filosófico dos direitos humanos, deve-se especialmente a uma tradição kantiana. Como afirmou Bobbio,[110] os direitos humanos são direitos históricos, nascidos em certas circunstâncias, portanto não nascem todos de uma vez, nem de uma vez por todas.

---

[107] COMPARATO, Fábio Konder. *A afirmação histórica dos direitos humanos*. 12. ed. São Paulo: Saraiva, 2019, p. 36.

[108] NARDIN, Terry. *Law, morality and the relations among states*. Princeton: Princeton University Press, 1983, p. 239.

[109] NARDIN, Terry. *Law, morality and the relations among states*. Princeton: Princeton University Press, 1983, p. 270.

[110] BOBBIO, Norberto. *A era dos direitos*. Rio de Janeiro: Elsevier, 2004, p. 9.

Ainda assim, quando falamos em direitos humanos como ideia, não saímos da utopia. A positivação parece se tornar o único meio possível e plausível de se exigir tais direitos, de modo que não basta a sua existência no plano ideal.

3.2 DIREITOS HUMANOS COMO PACTO MÍNIMO

Após a Declaração Universal dos Direitos Humanos, de 1948, fruto da Resolução 217 da Assembleia Geral das Nações Unidas, organização criada apenas três anos antes, fundou-se um verdadeiro sistema jurídico de direitos humanos.

Afirma Antônio Augusto Cançado Trindade[111] que o próprio surgimento e consolidação do *corpus juris* do Direito Internacional dos Direitos Humanos deve-se à reação da consciência jurídica universal aos abusos recorrentes cometidos contra seres humanos no passado extremamente recente, muitas vezes, com direitos garantidos pelo direito positivo.

Com isso, o Direito Internacional chegou ao encontro e ao resgate da pessoa humana, o destinatário final de suas normas de proteção. No marco desse novo *corpus juris*, não podíamos permanecer indiferentes à contribuição de outras áreas do conhecimento humano, nem ao tempo existencial, pois as soluções jurídicas não podem deixar de levar em consideração o tempo dos seres humanos.

No mesmo sentido, orientou-se a jurisprudência dos tribunais internacionais dos direitos humanos, já que os tratados de direitos humanos são, de fato, instrumentos vivos, que acompanham a evolução dos tempos e do meio social em que os direitos protegidos são exercidos.

A Corte Europeia de Direitos Humanos reiterou que a Convenção Europeia de Direitos Humanos é um instrumento vivo a ser interpretado à luz das condições atuais. Esclareceu que sua interpretação evolutiva não se limita às normas substantivas da Convenção, mas também se estende

---

[111] TRINDADE, Antônio Augusto Cançado. *International law for humankind*: towards a new *jus gentium* I. Haia: Martinus Nijhoff, 2006.

às disposições operacionais. A mesma interpretação evolutiva existe quanto à Convenção Americana sobre Direitos Humanos e foi seguida pela Corte Interamericana de Direitos Humanos.

O início dos tratados e convenções sobre os direitos humanos deu-se com os chamados tratados gerais de proteção, quais sejam, os dois Pactos de Direitos Humanos das Nações Unidas de 1966 – o Pacto Internacional sobre Direitos Civis e Políticos e o Pacto Internacional sobre Direitos Econômicos, Sociais e Culturais; e, no âmbito regional, a Convenção Americana sobre Direitos Humanos de 1969.

A evolução das normas internacionais de proteção foi, por sua vez, fomentada por novas e constantes avaliações que emergem e florescem a partir da base da sociedade humana e que são naturalmente refletidas no processo de interpretação evolutiva dos tratados de direitos humanos.

No Direito, a identificação dos princípios básicos acompanha *pari passu* o surgimento e a consolidação de todos os domínios do Direito e de todos os seus ramos (constitucional, civil, processual civil, penal, processual penal, administrativo, etc.). O mesmo ocorre com o Direito Internacional Público, com o Direito Internacional dos Direitos Humanos, com o Direito Internacional Humanitário, com o Direito Internacional dos Refugiados e com o Direito Penal Internacional. Por mais circunscrito ou especializado que seja um regime jurídico, seus princípios básicos podem ser encontrados, como, por exemplo, no Direito Ambiental Internacional, no Direito do Mar, no Direito do Espaço, entre outros.

A própria Organização Internacional do Trabalho (OIT), por exemplo, procurou identificar os princípios e os direitos fundamentais no trabalho, por meio de uma Declaração adotada em junho de 1998. Alguns dos princípios básicos são adequados a certas áreas do Direito, outros permeiam todas as áreas. O corpus de normas legais (nacionais ou internacionais) opera movido pelos princípios, alguns deles governando as próprias relações entre os seres humanos e o poder público.

Esse ressurgimento perene dos documentos internacionais sobre os direitos humanos tem contribuído muito para a afirmação e a consolidação do primado, na ordem dos valores, das obrigações referentes aos direitos humanos em relação à comunidade internacional como um todo.

Segundo Mohamed Bennouna, o Direito Internacional não depende unicamente da vontade – e dos interesses – dos Estados, mas é um quadro normativo que deve ser seguido.

> [L]e droit International ne peut trouver son fondement et as raison d'être dans le seul consentement des États ; des normes sécrétées par sédimentations successives au travers de l'Histoire servent de socle à la vie internationale. Ce n'est pas une vue de l'esprit que de concevoir une ou plutôt plusieurs normes fondamentales au sommet de la pyramide du droit applicable, comme l'avait suggéré Kelsen dans sa "Théorie pure du droit". (...) Le droit international n'est pas un flux d'incertitudes, un choix à la carte offert aux décideurs, il est aussi un cadre juridique qui trace les limites de l'exercice du pouvoir à l'échelle internationale. Que ce cadre évolue en fonction des réalités politiques et des avancées du droit, j'en conviens, mais il n'en continue pas moins d'exister même s'il n'est pas toujours le même.[112]

Os princípios gerais do Direito contribuíram para a formação de sistemas normativos de proteção da pessoa humana. Um verdadeiro sistema jurídico deve operar com base em seus princípios fundamentais.

Por essa visão de direitos humanos como pacto mínimo, com a necessidade de positivação internacional, a relativização ou a limitação da soberania, seja da soberania internacional ou da soberania de Vestfália, pode ocorrer de quatro maneiras: através de convenções e tratados internacionais; contratos bi e multilaterais; coerção; e, imposição.

Em primeiro lugar, os Estados podem decidir fazer parte de convenções internacionais sob as quais concordam em cumprir certos padrões, independentemente do que os outros Estados façam. Em segundo, os governantes podem celebrar contratos nos quais concordam

[112] BENNOUNA, Mohamed. *Le droit international entre la lettre et l'esprit.* Haia: Brill; Martinus Nijhoff Publisher, 2017, p. 30.

em alterar políticas e parte de seu ordenamento em troca de benefícios. Em terceiro, Estados podem estar sujeitos à coerção, o que os deixa em situação de ameaça, apesar de terem alguma margem de escolha. Finalmente, Estados ou aspirantes a Estados podem sofrer imposição, uma situação que ocorre quando o Estado alvo não consegue resistir de maneira efetiva e deve cumprir a imposição.

O modelo vestfaliano já se encontra ultrapassado em todas as quatro modalidades: incontáveis Estados aderiram às convenções e aos tratados internacionais, bem como assinaram contratos de diversos temas. Além disso, intervieram nos assuntos internos de outros Estados por meio de coerção e de imposição.

A adesão à convenção internacional tende a melhorar o *status quo ante* do Estado signatário, pois, caso contrário, não teria manifestado vontade nesse sentido. Os contratos, por outro lado, colocam ambos os Estados-parte em situação mais vantajosa, mas depende que os participantes honrem seus compromissos. Convenções e contratos, portanto, são acordos voluntários.

Coerção e imposição, de outro lado, deixam uma das partes em pior situação. Em situações de coerção, um Estado ameaça impor sanções a outro se o Estado alvo não alterar suas políticas, por exemplo. O Estado ameaçado pode rejeitar essas demandas, mas, nesse caso, sofre sanções.

No que diz respeito às preocupações deste livro, as modalidades de acordos voluntários, que comprometem a autonomia por meio de convenções e contratos, minam a soberania de Vestfália, mas não a soberania internacional. Isso significa que todos os contratos e convenções são, na verdade, uma confirmação da soberania internacional.

O que é crítico para a soberania internacional é que o Estado retém formalmente o direito de rescindir o contrato ou denunciar a convenção ou o tratado, e que tais modalidades são voluntárias. Coerção e imposição envolvendo questões de autonomia são violações da soberania internacional e da soberania de Vestfália, pois tanto a coerção quanto a imposição deixam uma das partes em situação ameaçada e inferior. O ator mais fraco não teria aceitado um resultado inferior ao *status quo ante* se não enfrentasse a ameaça de sanções, possivelmente incluindo o uso da força e até guerra. A coerção e a imposição violam uma norma básica da soberania internacional, que é a de que os Estados têm o direito de agir voluntariamente no plano internacional.

A modalidade através da qual a soberania é mitigada depende de configurações de poder e de interesse. A imposição acontece quando os interesses são diferentes e as assimetrias de poder entre os Estados são visíveis. O Estado que impõe medidas deve ter um poder avassalador, com a capacidade, de fato, de determinar a vida ou a morte. Muitas vezes, esse poder assume a forma de recursos militares e de invasões territoriais. Estados intitulados de "norte global" ou "primeiro mundo" já se engajaram na imposição aos demais Estados ou aspirantes a Estado por inúmeras vezes, como quando condicionam o reconhecimento de sua existência à aceitação de condições relacionadas às estruturas políticas domésticas. Rejeitar, significa que o Estado alvo ou o pretendente nunca se tornará um membro do plano internacional em igualdade com os demais atores.

A coerção também pode ocorrer se houver interesses divergentes entre os Estados e entre eles houver assimetrias de poder. Na coerção, no entanto, as assimetrias são menores do que na imposição. O Estado que atua não pode aniquilar o Estado alvo. O governante deste fica em situação pior se resistir e sofrer a imposição de sanções, mas o governante não pode deixar de realizar a escolha entre obedecer ou sofrer os custos de sanções ou de adesão às demandas do Estado mais poderoso.

Entretanto, defender os direitos humanos como apenas um conjunto de tratados e convenções aos quais os Estados, se ratificarem, devem obediência, não parece ser suficiente. O maior exemplo disso é o dos Estados Unidos da América que, apesar de participar da maioria das tratativas e das negociações de tratados do gênero, não fazem parte do Sistema Interamericano de Direitos Humanos, pois não ratificaram a Convenção Americana. Da mesma forma, não estão vinculados ao Tratado de Roma, que institui o Tribunal Penal Internacional. Há pouco tempo, ainda, denunciaram o Tratado de Paris sobre o clima e retiraram-se das obrigações ali presentes, dentre outros exemplos.

É necessário refinar a teoria dos direitos humanos para que a proteção jurídica dos indivíduos tenha um núcleo inviolável sem depender dos Estados e de sua vontade eminentemente política de fazer parte de um tratado ou de uma convenção sobre o tema.

3.3 DIREITOS HUMANOS COMO PRÁTICA SOCIAL IRREDUTÍVEL

Aqui, elaboramos a visão adotada por este livro quanto aos direitos humanos. O núcleo duro do Direito Internacional não é composto, segundo essa visão, tão somente dos tratados e das convenções que versam sobre os direitos humanos.

Há direitos que não precisam estar positivados em tratados e, se estiverem, não dependem de assinatura e ratificação por parte do Estado para que seus cidadãos gozem deles. É o chamado *jus cogens*, ou seja, as normas peremptórias, imperativas e inderrogáveis no Direito Internacional.

São padrões deontológicos bem sedimentados no âmbito da comunidade internacional, cuja existência e eficácia independem da aquiescência dos sujeitos de Direito Internacional, notadamente os Estados. O *jus cogens* deve ser observado nas relações internacionais e projeta-se, em alguns casos, na própria ordem jurídica interna.

Apesar de o artigo 53 da Convenção de Viena sobre o Direito dos Tratados[113] não indicar que normas integram o *jus cogens*, o que é

---

[113] Artigo 53: Tratado em Conflito com uma Norma Imperativa de Direito Internacional Geral (*jus cogens*). É nulo um tratado que, no momento de sua conclusão, conflite com uma norma imperativa de Direito Internacional geral. Para os fins da presente Convenção, uma norma imperativa de Direito Internacional geral é uma norma aceita e reconhecida pela comunidade internacional dos Estados como um todo, como norma da qual nenhuma derrogação é permitida e que só pode ser modificada por norma ulterior de Direito Internacional geral da mesma natureza. (BRASIL. *Decreto n. 7.030, de 14 de dezembro de 2009*. Promulga a Convenção de Viena sobre o Direito dos Tratados, concluída em 23 de maio de 1969, com reserva aos Artigos 25 e 66. Brasília, DF: Presidência da República. Disponível em: http://www.planalto.gov.br/ccivil_03/_Ato2007-2010/2009/Decreto/D7030.htm. Acesso em: 12 set. 2019.

plenamente justificável em razão da sua potencial mutabilidade histórico-temporal, é perceptível a influência exercida pelos artigos 1 e 2 da Carta da Organização das Nações Unidas,[114] que enunciam os objetivos e os princípios que direcionam essa organização internacional de cooperação de caráter universal.

---

[114] **Artigo 1**: **Os propósitos das Nações unidas são**: 1. Manter a paz e a segurança internacionais e, para esse fim: tomar, coletivamente, medidas efetivas para evitar ameaças à paz e reprimir os atos de agressão ou outra qualquer ruptura da paz e chegar, por meios pacíficos e de conformidade com os princípios da justiça e do direito internacional, a um ajuste ou solução das controvérsias ou situações que possam levar a uma perturbação da paz; 2. Desenvolver relações amistosas entre as nações, baseadas no respeito ao princípio de igualdade de direitos e de autodeterminação dos povos, e tomar outras medidas apropriadas ao fortalecimento da paz universal; 3. Conseguir uma cooperação internacional para resolver os problemas internacionais de caráter econômico, social, cultural ou humanitário, e para promover e estimular o respeito aos direitos humanos e às liberdades fundamentais para todos, sem distinção de raça, sexo, língua ou religião; e 4. Ser um centro destinado a harmonizar a ação das nações para a consecução desses objetivos comuns. Artigo 2: A Organização e seus Membros, para a realização dos propósitos mencionados no artigo 1, agirão de acordo com os seguintes Princípios: 1. A Organização é baseada no princípio da igualdade de todos os seus Membros. 2. Todos os Membros, a fim de assegurarem para todos em geral os direitos e vantagens resultantes de sua qualidade de Membros, deverão cumprir de boa fé as obrigações por eles assumidas de acordo com a presente Carta. 3. Todos os Membros deverão resolver suas controvérsias internacionais por meios pacíficos, de modo que não sejam ameaçadas a paz, a segurança e a justiça internacionais. 4. Todos os Membros deverão evitar em suas relações internacionais a ameaça ou o uso da força contra a integridade territorial ou a dependência política de qualquer Estado, ou qualquer outra ação incompatível com os Propósitos das Nações Unidas. 5. Todos os Membros darão às Nações toda assistência em qualquer ação a que elas recorrerem de acordo com a presente Carta e se absterão de dar auxílio a qual Estado contra o qual as Nações Unidas agirem de modo preventivo ou coercitivo. 6. A Organização fará com que os Estados que não são Membros das Nações Unidas ajam de acordo com esses Princípios em tudo quanto for necessário à manutenção da paz e da segurança internacionais. 7. Nenhum dispositivo da presente Carta autorizará as Nações Unidas a intervirem em assuntos que dependam essencialmente da jurisdição de qualquer Estado ou obrigará os membros a submeterem tais assuntos a uma solução, nos termos da presente Carta; este princípio, porém, não prejudicará a aplicação das medidas coercitivas constantes do Capítulo VII. (BRASIL. *Decreto n. 19.841, de 22 de outubro de 1945*. Promulga a Carta das Nações Unidas, da qual faz parte integrante o anexo Estatuto da Corte Internacional de Justiça, assinada em São Francisco, a 26 de junho de 1945, por ocasião da Conferência de Organização Internacional das Nações Unidas. Brasília, DF: Presidência da República. Disponível em: http://www.planalto.gov.br/ccivil_03/decreto/1930-1949/D19841.htm. Acesso em: 12 set. 2019.

No sentido da desnecessidade de positivação, assevera Fábio Konder Comparato que: "... não é difícil entender a razão do aparente pleonasmo da expressão direitos humanos ou direitos do homem. Trata-se, afinal, de algo que é inerente à própria condição humana, sem ligação com particularidades determinadas de indivíduos ou grupos".[115] Até porque, continua, "[a] admitir-se que só tem direito aquele que pode exigir o seu cumprimento nos tribunais, teríamos que a quase-totalidade das normas declaradas em tratados internacionais – sem falar no costume e nos chamados princípios gerais de direito – não teria caráter jurídico".[116]

Alguns exemplos de disposições *jus cogens* são a proibição de tortura, a detenção arbitrária, tratamento desumano ou degradante em pena, e condição de escravidão ou análoga.

Pode-se objetar que os estadistas liberais tenham reconhecido que interesses individuais centrados no ser humano foram dificilmente integrados às práticas da governança internacional por meio de tratados e convenções sobre os direitos humanos. De fato, há uma profunda tensão moral entre as demandas dos direitos humanos introduzidas na normativa internacional desde a Segunda Guerra Mundial e a estrutura da Vestfália, na qual essas normas devem ser adotadas.

Sob o modelo estadista de governança global, os direitos básicos das pessoas podem ser mantidos apenas dentro dos parâmetros das normas de soberania reivindicadas pelas autoridades do Estado. Entretanto, se a globalização é um processo secular e a internacionalização também tem sido uma característica do sistema interestatal,[117] deve-se seguir que a governança global é um rótulo dotado de precisão para descrever os desenvolvimentos ideológicos, políticos e socioeconômicos na organização internacional desde meados do século XIX, mas esses processos

---

[115] COMPARATO, Fábio Konder. *A afirmação histórica dos direitos humanos*. 12. ed. São Paulo: Saraiva, 2019, p. 71.

[116] COMPARATO, Fábio Konder. *A afirmação histórica dos direitos humanos*. 12. ed. São Paulo: Saraiva, 2019, p. 73.

[117] ROBERTSON, Roland. *Globalization: Social theory and global culture*. London: Sage, 1992.

aceleraram-se, sem dúvida, recentemente, dando credibilidade a uma variedade de concepções liberais pós-estadistas de institucionalização internacional. Como afirma Robert Cox:

> Internationalization refers to changes affecting states and should be differentiated from globalization, which is a broader concept that refers to the whole range of activities and practices involving state and nonstate actors that tend toward a more integrated global system.[118]

O que significa mudar da ideia de governança internacional para governança global? Isso significa que instituições internacionais foram e continuam sendo afetadas e transformadas por processos globais. Isso também significa que um internacionalismo liberal reconstruído deve permitir-nos pensar além da soberania dos Estados, para que seja atuante e para alcançar seus objetivos ético-políticos internos e externos.

Tal reconstrução é indiscutivelmente imanente nos recentes debates sobre governança global. O ponto central desses debates é a limitação da autonomia do Estado em nome da proteção humana. Nesses debates, houve mais abertura aos motivos de atuação de uma variedade de atores, além da exigência liberal concomitante às práticas autorizadas e reconhecidas, pelas quais são tratadas reivindicações conflitantes de direitos.

Ainda não foi desenvolvido um conjunto apropriado e institucionalizado para lidar com esses abusos dos direitos humanos fora do sistema da ONU ou de outros sistemas regionais. Portanto, quando há uma falha na adaptação das instituições às normas emergentes, como quando a ONU não é acionada ou não consegue atuar como deveria, há um papel importante para um internacionalismo liberal reconstruído em guiar um processo de reforma.

A crise do internacionalismo liberal, contudo, não pode ser superada simplesmente recuando em um estadismo formalista que é muito

---

[118] COX, Robert W. "An Alternative Approach to Multilateralism in the Twenty First Century". *Global Governance: A Review of Multilateralism and International Organizations*, vol. 3, n. 1, 1997, p. 106.

fechado para a infinidade de reivindicações por direitos e justiça que estão sendo feitas.

Um internacionalismo liberal reconstruído precisaria prestar mais atenção à complexidade de criar um patamar jurídico mínimo de direitos. A crise do internacionalismo liberal surge, em parte, devido à tensão na ordem global de hoje entre as reivindicações de uma variedade de atores estatais e não estatais, e o *status quo* da prática autorizada da sociedade internacional.

Ao comparar modelos estadistas de governança internacional e modelos pós-estadistas de governança global, os primeiros são muito fechados para as reivindicações dos atores não estatais e das exigências, em geral. No entanto, embora os recentes modelos pós-estadistas ofereçam uma base promissora para um internacionalismo liberal reconstruído, as tensões centrais entre exigências de direitos e a prática autoritária dos Estados provavelmente persistirão.

Flávia Piovesan[119] esclarece que, considerando a historicidade dos direitos, a chamada concepção contemporânea dos direitos humanos, introduzida pela Declaração Universal, de 1948, e reiterada pela Declaração de Direitos Humanos de Viena, de 1993, é fruto da internacionalização dos direitos humanos.

De fato, com a transformação dos direitos humanos em um tema global da vida mundial, foi a ideia-força de que existem obrigações dos Estados em relação à comunidade mundial como um todo, as quais são constitutivas de uma ordem pública internacional voltada para um interesse geral que transcende o interesse particular de Estados soberanos,[120] o *jus cogens*.

Neste sentido, defende Flávia Piovesan[121], é significativa a contribuição da inserção dos direitos humanos como um tema global no plano

---

[119] PIOVESAN, Flávia. *Direitos humanos e justiça internacional*: um estudo comparativo dos sistemas regionais europeu, interamericano e africano. 9. ed. São Paulo: Saraiva, 2019, p. 56.

[120] KDHIR, Moncef . *Dictionaire juridique de la cour internationale de justice*. Bruxelas: Bruylant, 2000.

[121] PIOVESAN, Flávia. *Direitos humanos e justiça internacional:* um estudo comparativo

mundial para a consolidação das noções de *jus cogens* e de obrigações *erga omnes* no Direito Internacional Contemporâneo.

Flávia Piovesan, ainda, defende que os direitos humanos compõem uma racionalidade de resistência, pois traduzem processos que abrem e consolidam espaços de luta pela dignidade humana, invocando, nesse sentido, uma plataforma emancipatória voltada à proteção da dignidade humana.

Na reconstrução dos direitos humanos do pós-guerra, temos a emergência do Direito Internacional dos Direitos Humanos, de um lado, e, de outro, a emergência da nova feição do direito constitucional ocidental, aberto a princípios e a valores, com ênfase no valor da dignidade humana.

No âmbito do Direito Internacional, começa a ser delineado o sistema normativo internacional de proteção dos direitos humanos. Projetou-se a vertente de um "constitucionalismo global", vocacionado a proteger os direitos fundamentais e a limitar o poder do Estado, mediante a criação de um aparato internacional de proteção de direitos.

Por sua vez, no âmbito do Direito Constitucional ocidental, testemunha-se a elaboração de textos constitucionais abertos a princípios, dotados de elevada carga axiológica, com destaque ao valor da dignidade humana.

Tendo isso em vista, as constituições nacionais estão cada vez mais vinculadas a princípios e regras de Direito Internacional. É como se o Direito Internacional fosse transformado em parâmetro de validade das próprias constituições internas, cujas normas passam a ser consideradas nulas se violadoras das normas do *jus cogens* internacional.

O Poder Constituinte soberano criador de constituições está, hoje, longe de ser um sistema autônomo que gravita em torno da soberania do Estado, até porque, como vimos no primeiro capítulo, a soberania estatal encontra barreiras de atuação interna e externa no Direito Internacional.

---

dos sistemas regionais europeu, interamericano e africano. 9. ed. São Paulo: Saraiva, 2019, p. 184.

Parte dos internacionalistas creem que a Declaração Universal dos Direitos Humanos não é um instrumento jurídico internacional propriamente dito, mas uma declaração inserida no chamado *soft law*, que fornece as disposições essenciais encontradas nas principais Convenções Internacionais de Direitos Humanos, tais como a Convenção Contra a Tortura e Outros Tratamentos ou Penas Cruéis, Desumanas ou Degradantes de 1984; a Convenção para a Prevenção e Punição do Crime de Genocídio de 1948; o Pacto Internacional sobre Direitos Econômicos, Sociais e Culturais (PIDESC) e o Pacto Internacional sobre os Direitos Civis e Políticos (PIDCP), ambos de 1966; e a Convenção Internacional para a Eliminação de Todas as Formas de Discriminação Racial, também de 1966.

Do ponto de vista dos direitos humanos como pacto, os Estados têm o dever primordial de fazer cumprir os princípios e as normas projetados por esses convênios subsequentes para proteger as dignidades humanas universais.

Ironicamente, os Estados têm sido os maiores responsáveis por violar essas normas. Os Estados que ratificaram essas convenções reconheceram seus deveres de obedecer e de promover os direitos humanos. No entanto, sob o manto da soberania, ainda vista da maneira antiquada, alguns adotam ações conflitantes com os limites impostos pelos direitos humanos e justificaram suas ações com base no exercício irrestrito de sua soberania estatal.

Assim, enquanto humanidade, principalmente pós-Segunda Guerra Mundial, fizemos uma escolha moral. Escolhemos proteger todo e qualquer ser humano, reconhecendo que há o direito a uma igualdade mínima, apenas pelo fato sê-lo.

Os direitos humanos cumprem com o papel de importância maior para levar o rol mínimo de direitos inerentes a todo ser humano na vida cotidiana de toda a cidadania, resgatando as condições políticas e jurídicas da pessoa humana a todos. É um dos maiores desafios de cunho internacional e constitucional que temos na atualidade, pois conseguir expandir o território social de garantia de direitos e efetivar a proteção do ser humano apenas por reconhecê-lo enquanto tal, combatendo as medidas de exceção infiltradas na vida social e concretizar plenamente os pilares do Estado de Direito Democrático é direito e dever de todos.

Sendo a comunidade internacional inegavelmente hipercomplexa, fragmentada e descentrada, Jónatan Machado diz que o Direito Internacional vem pautado em princípios normativos universais para manter viável tal comunidade. Isso necessariamente nega, na visão dele, modelos conceituais que tomam como pressuposto arbitrariedades e acidentalidades na evolução humana.

> Assim, o Direito Internacional não tem que sucumbir prematuramente perante os ditames naturalistas do darwinismo social e da sociobiologia, devendo proceder à articulação e especificação dos objectivos, das razões e das condições morais da sua legitimidade, propondo a liberdade, a igualdade, a justiça, a paz e a autodeterminação democrática como valores político-morais fundamentais da comunidade internacional e não como grandezas naturalísticas aleatórias.[122]

Essa escolha moral, a qual nos referimos aqui, está plasmada cristalinamente na Carta da ONU. A Organização, segundo o documento fundador, não exerce poder sobre os Estados-membros, mas consiste num espaço no qual, por convenção entre todos eles, haverá discussões acerca das atitudes tomadas em nível internacional e, apenas após consulta a seus órgãos, é que o Estado poderá agir da maneira tal como pretende com relação a outro. Como é o caso do Conselho de Segurança no assunto de intervenção.

Eis o preâmbulo da Carta:

> **NÓS, OS POVOS DAS NAÇÕES UNIDAS, RESOLVIDOS** a preservar as gerações vindouras do flagelo da guerra, que por duas vezes, no espaço da nossa vida, trouxe sofrimentos indizíveis à humanidade, e a reafirmar a fé nos direitos fundamentais do

122 MACHADO, Jónatan. *Direito internacional*: do paradigma clássico ao pós-11 de setembro. 3. ed. Coimbra: Coimbra Editora, 2006, p. 16.

> homem, na dignidade e no valor do ser humano, na igualdade de direito dos homens e das mulheres, assim como das nações grandes e pequenas, e a estabelecer condições sob as quais a justiça e o respeito às obrigações decorrentes de tratados e de outras fontes do Direito Internacional possam ser mantidos, e a promover o progresso social e melhores condições de vida dentro de uma liberdade ampla. **E para tais fins,** praticar a tolerância e viver em paz, uns com os outros, como bons vizinhos, e unir as nossas forças para manter a paz e a segurança internacionais, e a garantir, pela aceitação de princípios e a instituição dos métodos, que a força armada não será usada a não ser no interesse comum, a empregar um mecanismo internacional para promover o progresso econômico e social de todos os povos. **Resolvemos conjugar nossos esforços para a consecução desses objetivos.** Em vista disso, nossos respectivos Governos, por intermédio de representantes reunidos na cidade de São Francisco, depois de exibirem seus plenos poderes, que foram achados em boa e devida forma, concordaram com a presente Carta das Nações Unidas e estabelecem, por meio dela, uma organização internacional que será conhecida pelo nome de Nações Unidas.[123]

Um dos maiores cenários de violação dos direitos humanos é o uso da força de maneira deturpada. Se patológico, torna-se a imposição de um regime de exceção.

O uso da força na Carta da ONU está mencionado no artigo 2 (4), em tom negativo, proibitivo: "Todos os Membros deverão evitar em suas relações internacionais a ameaça ou o uso da força contra a integridade territorial ou a dependência política de qualquer Estado, ou qualquer outra ação incompatível com os Propósitos das Nações Unidas".[124] Além disso, o próprio preâmbulo assevera que os signatários comprometem-se

---

[123] ORGANIZAÇÃO DAS NAÇÕES UNIDAS. *Carta das Nações Unidas*. Rio de Janeiro: UNIC Rio de Janeiro, 1948, pp. 3-4. Disponível em: https://brasil.un.org/pt-br/91220-carta-das-nacoes-unidas. Acesso em: 29 ago. 2019.

[124] ORGANIZAÇÃO DAS NAÇÕES UNIDAS. *Carta das Nações Unidas*. Rio de Janeiro: UNIC Rio de Janeiro, 1948, pp. 6-7. Disponível em: https://brasil.un.org/pt-br/91220-carta-das-nacoes-unidas. Acesso em: 29 ago. 2019.

a não recorrer à força para resolver os conflitos com os Estados vizinhos, também mencionando uma linguagem simbólica proibitiva de tal prática: "praticar a tolerância e viver em paz, uns com os outros, como bons vizinhos, e unir as nossas forças para manter a paz e a segurança internacionais, e a garantir, pela aceitação de princípios e a instituição dos métodos, que a força armada não será usada a não ser no interesse comum (...)".[125]

Sobre ações relativas à ameaça e à ruptura da paz ou de atos de agressão, os artigos 41 e 42 dialogam entre si no sentido de: o primeiro atribui ao Conselho de Segurança as decisões sobre a efetividade de seus comandos *sem envolver o emprego de forças armadas*; enquanto o segundo prevê que, se ineficientes as táticas do artigo anterior, a ONU poderá se utilizar de forças aéreas, navais ou terrestres, desde que consultado e sob o comando da Comissão de Estado Maior, para maior segurança. O artigo 51, todavia, garante o uso da força pelo Estado com relação a um ataque armado contra si ou contra uma coletividade, em nome da legítima defesa, mas apenas e até que a ONU tenha tomado as medidas a respeito do ataque.

Portanto, a única justificativa do uso da força pelos Estados reside na legítima defesa, e, mesmo assim, se comunicada e se não houver ainda decisão ou medida da ONU. Quanto à organização, o uso da força apenas será colocado em prática se as demais medidas não-belicosas se mostrarem insuficientes, já que a máxima da criação da instituição é justamente a paz, e não a guerra para solução de conflitos.

Outro argumento muito utilizado pelos que defendem ser inevitável a guerra é o controle populacional, sob pena de a humanidade não se sustentar. Essa foi a teoria principal de Malthus. Ou deve haver o controle populacional através de guerras, pois são naturais do ser humano e perpassam a nossa história, ou não sustentaremos a todos.

No *Ensaio sobre o princípio da população,*[126] de 1798, Malthus descreve que o aumento populacional corre em progressão geométrica, enquanto

---

[125] ORGANIZAÇÃO DAS NAÇÕES UNIDAS. *Carta das Nações Unidas*. Rio de Janeiro: UNIC Rio de Janeiro, 1948, p. 3. Disponível em: https://brasil.un.org/pt-br/91220-carta-das-nacoes-unidas. Acesso em: 29 ago. 2019.

[126] MALTHUS, Thomas Robert. *Ensaio sobre o princípio da população*. Brasil: LeBooks, 2017. (Coleção Economia Política).

a produção alimentícia cresce em progressão aritmética, jamais sendo possível alcançar o número de pessoas vivendo no planeta.

A história provou que ele estava errado. Em primeiro lugar, nenhuma população cresceu na proporção por ele apontada. Em segundo, o pastor anglicano parecia ignorar o fato de que a produção alimentícia não alcançava toda a população em virtude da altíssima concentração nos Estados ricos. Curiosamente, apenas os países ditos "pobres" sofreriam em grande escala com o controle de natalidade, com as mortes em guerras e com a fome, caso os dois primeiros não fossem implementados. Por fim, restou provado que o desenvolvimento da tecnologia, na verdade, gera a capacidade de produzir alimentos e a satisfação das necessidades básicas de todos.

Apesar dos números ainda serem catastróficos e lutarmos para erradicá-los, hoje, vivemos o momento da história humana com os menores índices de fome. O desenvolvimento de tecnologia, portanto, tem a capacidade de ir resolvendo aos poucos os problemas humanos, desde que respeite a condição humana de todos aqueles que habitam o planeta.

O marco histórico-jurídico, que é a DUDH, inaugura o que Dworkin chama de *common ground*.[127] Aqui, adapto a expressão não apenas para a democracia liberal inglesa, mas para o plano mundial: o *common ground* jurídico internacional, ou a moralidade pública que é o que de mais valioso o pós-guerra nos trouxe. O que a Corte Internacional de Justiça intitulou, no Caso do Canal de Corfu, em 1949, de "considerações elementares da humanidade".[128]

Segundo Dworkin, da obrigação geral de cada Estado em melhorar sua legitimidade política, inclui-se uma obrigação de tentar melhorar o sistema internacional no geral.[129] Se um Estado pode facilitar uma

---

[127] DWORKIN, Ronald. *O Império do direito*. São Paulo: Martins Fontes, 2014.

[128] INTERNATIONAL COURT OF JUSTICE. "Corfu Channel Case (United Kingdom v. Albania); Assessment of Compensation", *International Court of Justice*, pp. 244-251, 15 dez. 1949. Disponível em: https://www.refworld.org/cases,ICJ,402398c84.html. Acesso em: 02 mai. 2020.

[129] DWORKIN, Ronald. "A New Philosophy of International Law". *Journal of Philosophy and Public Affairs*, Nova Jersey, vol. 41, n.1, 2013, p. 17.

ordem internacional de modo a melhorar a legitimidade de seu próprio poder político, então, ele tem a obrigação política de fazer o que puder nessa direção.

Obviamente, essa obrigação exige apenas o que, dadas as circunstâncias, seja viável. Não é necessário que nenhum Estado ignore a divisão do mundo em Estados distintos ou que garanta aos cidadãos de outras nações as mesmas proteções que exerce sobre os seus. Contudo, requer, de um Estado, a aceitação de restrições ou limites viáveis em seu próprio poder político. Eis a base moral do Direito Internacional.

Um Estado é evidentemente ilegítimo no exercício de seu poder político se viola os direitos humanos fundamentais dos seus próprios cidadãos. Qualquer Estado, até mesmo aquele que, por grande parte do tempo, já age de modo justo, melhora sua legitimidade quando promove e apoia uma ordem internacional efetiva, que impediria sua própria degradação futura, como o desague em tirania.

Num segundo momento, o Estado também é deficiente em sua legitimidade quando não pode proteger aqueles sobre os quais reivindica o monopólio da força em invasões a outros povos. Qualquer Estado, portanto, tem uma razão para trabalhar em direção a uma ordem internacional que garanta que a comunidade de nações o ajudaria a resistir a invasões. Há um problema claro no sistema vestfaliano que ameaça a legitimidade de uma maneira diferente, pois as pessoas em todo o mundo acreditam que têm – e de fato têm – uma responsabilidade moral de ajudar a proteger pessoas de outras nações contra crimes de guerra, genocídio e outras violações dos direitos humanos, mas cujo governo fica aquém de seu dever de ajudá-los a exercer essa responsabilidade moral quando adere a definições de soberania que os impede de intervir para impedir tais crimes ou para amenizar seus efeitos desastrosos. Cunhamos um regime mais complexo que estabeleça a intervenção coletiva nos assuntos dos Estados individuais que esse sistema proporciona.

Em terceiro lugar, os governos fracassam na legitimidade de uma terceira forma, um pouco menos clara, quando aceitam um sistema internacional que impossibilita ou desencoraja a cooperação internacional que é muitas vezes essencial para evitar desastres econômicos, comerciais, médicos ou ambientais. Internamente, os governos conseguem responder a desafios como evitar a degradação de uma reserva ambiental, afirmar direitos sociais de uma comunidade quilombola ou processar e punir criminalmente assassinatos, por exemplo, mas apenas quando esses podem ser resolvidos localmente, adotando e aplicando leis.

Alguns problemas, como a pesca predatória nos mares, a distribuição da riqueza, o tráfico internacional de pessoas, a comunicação pela *Internet* e a poluição da atmosfera com o gás carbônico, por exemplo, não podem ser atendidos pelos governos individualmente, cada um agindo apenas para o seu próprio território.

As pessoas nos Estados, separadamente considerados, precisam da proteção que somente uma política coordenada e apoiada por todos ou quase todos os governos pode oferecer. O sistema vestfaliano absoluto não resolve e, simplesmente, repete o dilema no nível internacional: se nenhum Estado puder ser forçado a cooperar, todos terão ao menos um motivo para não participar, ou seja, a livre escolha baseada na soberania ilimitada desses Estados.

Cada Estado tradicional, na visão que defendemos, tem o dever de buscar os meios disponíveis para mitigar as falhas e os riscos do sistema vestfaliano de Estados soberanos. Esse dever de mitigação fornece o princípio estrutural mais geral e o fundo interpretativo do Direito Internacional. Além disso, Dworkin apresenta o princípio da saliência: se uma quantidade significativa de Estados, abrangendo uma população significativa, desenvolveu um "código de prática" acordado, seja por tratado ou por outra forma de coordenação, então, os outros Estados têm pelo menos um dever *prima facie* de se submeter a essa prática também – esse dever aplica-se apenas se a ampliação dessa prática aumentar a legitimidade do Estado e da ordem internacional como um todo.

Se um conjunto de princípios humanitários, que limitam as ocasiões justificadas de guerra e os meios de guerra, ganharem ampla aceitação, por exemplo, então, todas as nações têm o dever de seguir esse conjunto de princípios. A Declaração Universal dos Direitos Humanos declara assim no "considerando" final de seu preâmbulo: "Considerando que uma compreensão comum desses direitos e liberdades é da mais alta importância para o pleno cumprimento desse compromisso".[130] O princípio da saliência tem um efeito de bola de neve, uma vez que, à medida que mais nações reconhecem o dever de aceitar e seguir princípios amplamente aceitos, esses princípios, portanto, ainda mais amplamente aceitos, têm maior força moral.

No século XVII, a saliência foi fornecida por duas tradições: o cristianismo e o *ius gentium*. Em primeiro lugar, o sistema vestfaliano era europeu e a Europa era cristã. O ensino da Igreja, na medida em que era pertinente, poderia ser tratado como o pilar principal do desenvolvimento do Direito Internacional. Em segundo lugar, a ideia herdada da Roma Imperial, agora usada em diferentes situações, é o *ius gentium*, ou seja, os princípios jurídicos comuns às nações do sistema de Vestfália. O Direito Internacional incipiente refletiu ambas as influências.

O mundo que emergiu da Segunda Guerra Mundial foi bem diferente, como já exposto, e o Direito Internacional renasceu. Não havia mais uma tradição religiosa dominante em todo o mundo, e o secularismo generalizado na Europa e na América do Norte negou a influência da maior parte das tradições desse tipo, exceto o conceito de pessoa, como veremos adiante. Guerra e economia fizeram diferentes nações com diferentes culturas e tradições, como a União Soviética e a China, serem cruciais para a ordem mundial. A confiança no "só há dever de obediência se formalmente consentido" não era mais possível.

Um novo foco do princípio da saliência foi necessário e foi rapidamente fornecido em São Francisco. A Carta da ONU e as instituições das Nações Unidas são melhores entendidas não como acordos vinculantes apenas, como um contrato e seus signatários, mas como uma ordem em que todas as nações têm agora a obrigação moral de tratar como Direito. A obrigação é criada não pelo consentimento, mas pela força moral da saliência como um caminho para uma ordem internacional satisfatória.

---

[130] UNITED NATIONS HUMAN RIGHTS. *Declaração Universal dos Direitos Humanos*. Disponível em: https://www.ohchr.org/EN/UDHR/Pages/Language.aspx?LangID=por. Acesso em: 29 ago. 2019.

De fato, os acordos multilaterais que estabelecem concepções de tal ordem, como a Carta da ONU, as Convenções de Genebra, os Acordos sobre Genocídio e o Tratado de Roma – que criou o Tribunal Penal Internacional –, são feitos para todos, não apenas para seus signatários iniciais, através desse princípio.

A interpretação correta de um documento internacional que verse sobre os direitos humanos, como a Carta da ONU, é a interpretação que faz o melhor sentido do texto, dado o objetivo subjacente do Direito Internacional, que é tomado como a criação de uma ordem internacional que: protege as comunidades políticas das relações externas e da agressão; protege os cidadãos dessas comunidades contra a barbárie; facilita a coordenação quando necessário; e, fornece alguma medida de participação das pessoas em sua própria governança em todo o mundo. Esses objetivos devem ser interpretados em conjunto: devem ser entendidos de modo a torná-los compatíveis.

Assim, consolidamos no presente capítulo a visão dos direitos humanos como prática social reiterada, ou seja, cujo núcleo duro – o chamado *jus cogens* – não pode ser descumprido por nenhum Estado na sua atuação interna ou externa, havendo ou não um tratado ou convenção a respeito, e, em havendo, tenha sido ratificado ou não. O Direito Internacional dos Direitos Humanos e o Direito Internacional Humanitário são as frentes mais evidentes do Direito Internacional da proteção humana, e, portanto, abarcam disposições que constituem o *common ground* jurídico internacional, as considerações elementares da humanidade e a moralidade pública comum.

Capítulo IV

EXCEÇÃO NO DIREITO INTERNACIONAL

Com base nas análises do conceito de soberania, de exceção e da construção de um patamar mínimo de proteção em Direito Internacional, sobretudo dos direitos humanos, passamos a enxergar aspectos da exceção no Direito Internacional.

Neste capítulo, apresentaremos a visão que Negri e Hardt têm sobre Império, e a atuação das grandes potências no cenário internacional. É isso que chamaremos de imposição de um regime de exceção na ordem jurídica internacional.

Além disso, o meio mais utilizado para suspender esses direitos é a guerra, portanto, também analisaremos autores que tratam da guerra no Direito Internacional para que possamos comparar o uso ilegítimo da força quando a verdadeira intenção é a exceção.

Por fim, veremos que os pretextos utilizados pelos Estados de grande poderio político-econômico para exercer intervenções militares, humanitárias ou até iniciar guerras são, na verdade, fraudes jurídicas, pretextos com roupagem de legitimidade.

4.1 A ERA DE IMPÉRIO

De acordo com Negri (1933-) e Hardt (1960-), vivemos novamente sob um Império. Não se trata de Imperialismo ou Neoimperialismo, mas de Império pura e simplesmente.

O Império é uma nova forma de supremacia que se instala nas relações internacionais, "[o] império é a substância política que, de fato, regula essas permutas globais, o poder supremo que governa o mundo".[131]

Como vimos no primeiro capítulo, em sintonia com o processo de globalização, a soberania dos Estados, apesar de existente e ainda eficaz, tem gradualmente diminuído seu escopo de atuação. Assim, é cada vez menor o poder que tem o Estado-nação de regular os fluxos econômico-financeiros e impor sua autoridade.

Nem mesmo os Estados mais dominantes devem ser tidos como autoridades supremas e soberanas, fora ou mesmo dentro de suas fronteiras. "*O declínio da soberania dos Estados-nação, entretanto, não quer dizer que a soberania como tal esteja em declínio*".[132]

Negri e Hardt afirmam que "a soberania tomou nova forma, composta de uma série de organismos nacionais e supranacionais, unidos por uma lógica ou regra única".[133] Essa nova forma global de economia é o que os autores chamam de Império. Difere-se do Imperialismo, que era a extensão da soberania dos Estado-nação europeus além de suas fronteiras.

As fronteiras foram importantes para o colonialismo e para a expansão econômica, pois os limites territoriais do país delimitavam o centro de poder a partir do qual era exercido o controle sobre territórios externos por meio de canais e barreiras que facilitavam e obstruíam o fluxo. Contudo, "quase todos os territórios existentes puderam ser parcelados e o mapa mundial pôde ser codificado em cores europeias: vermelho para territórios britânicos, azul para franceses, verde para portugueses".[134]

Ao iniciar o declínio da soberania moderna, surge o Império. Diferente do que a história política intitula como imperialismo, o Império não tem a pretensão de fixar um território geográfico como centro de poder, muito

---

[131] NEGRI, Antonio; HARDT, Michael. *Império*. Rio de Janeiro: Record, 2012, p. 11.

[132] NEGRI, Antonio; HARDT, Michael. *Império*. Rio de Janeiro: Record, 2012, p. 12. *Grifo dos autores.*

[133] NEGRI, Antonio; HARDT, Michael. *Império*. Rio de Janeiro: Record, 2012, p. 12.

[134] NEGRI, Antonio; HARDT, Michael. *Império*. Rio de Janeiro: Record, 2012, p. 12.

menos se preocupa em erguer fronteiras físicas. "É um aparelho de descentralização e desterritorialização do geral que incorpora gradualmente o mundo inteiro dentro de suas fronteiras abertas e em expansão".[135]

Vale ressaltar que os intitulados *founding fathers* (pais fundadores) dos Estados Unidos, como Thomas Jefferson, Alexander Hamilton e John Jay, dentre outros, obtiveram inspiração no modelo imperial antigo, pois tinham a intenção de criar um novo Império em terras americanas. Assim, como todo Império, as fronteiras permaneceram abertas e expandindo ilimitadamente. Negri e Hardt defendem que "essa concepção imperial sobreviveu e amadureceu ao longo da história da constituição dos Estados Unidos, e surgiu agora em escala global, na sua forma plenamente desenvolvida".[136]

O primeiro sintoma da chegada do Império, segundo os autores é "[a] soberania declinante dos Estados-nação, e a sua crescente incapacidade de regular as permutas econômicas e culturais".[137]

Não é dizer que os EUA na pós-modernidade estão repetindo o que a Europa fez no imperialismo da modernidade, muito menos defender que os EUA devam ser festejados como bons líderes mundiais, eficazes e benevolentes.

> [O]s Estados Unidos ocupam posição privilegiada no Império, e esse privilégio decorre não de semelhanças com antigas potências imperialistas europeias, mas de diferenças em relação a elas. Essas diferenças podem ser reconhecidas mais claramente concentrando-se atenção nos alicerces propriamente imperiais (não imperialistas) da constituição dos Estados Unidos.[138]

Para conceituar o Império, teremos quatro vertentes. Em primeiro lugar, o Império é livre de fronteiras físicas, ou seja, a influência e o poder

---

[135] NEGRI, Antonio; HARDT, Michael. *Império*. Rio de Janeiro: Record, 2012, p. 12.

[136] NEGRI, Antonio; HARDT, Michael. *Império*. Rio de Janeiro: Record, 2012, p. 14.

[137] NEGRI, Antonio; HARDT, Michael. *Império*. Rio de Janeiro: Record, 2012, p. 12.

[138] NEGRI, Antonio; HARDT, Michael. *Império*. Rio de Janeiro: Record, 2012, p. 14.

do Império são tão ilimitados quanto o seu território geográfico. Assim, compreende-se que Império é o regime que pretende abranger todo o espaço possível, que quer governar *de facto* todo o mundo civilizado. Não é necessário delimitar fronteiras para afirmar o reinado de um Império, pois, do contrário, a ausência delas é a principal característica.

Em segundo plano, o Império não configura aquele tipo de regime advindo de uma série histórica de conquistas, mas uma ordem suspensiva da história, que impõe infinita e eternamente o estado de coisas no mundo. Isso significa que "o Império se apresenta, em seu modo de governo, não como um momento transitório no desenrolar da História, mas como um regime sem fronteiras temporais, e, nesse sentido, fora da História ou no fim da História".[139]

Em terceiro lugar, o Império exerce seu poder em todos os setores da ordem social, pois não se limita a administrar a população de um dado território geograficamente considerado, também constrói a realidade que vive e o mundo em que existe. Regula tanto interações sociais entre os membros do Império, como normatiza diretamente a natureza humana. "O objeto do seu governo é a vida social como um todo, e assim o Império se apresenta como forma paradigmática de biopoder".[140]

Por fim, o quarto plano nos apresenta que: "apesar de a prática do Império banhar-se em continuamente em sangue, o conceito de Império é sempre dedicado à paz – uma paz perpétua e universal fora da História",[141] o qual é um pretexto recorrente e sempre renovado. O Império na sua forma atual, como visto por Negri e Hardt, é pura opressão e destruição.

Fala-se muito em Europa e EUA, ao falar-se em Império, não por estes serem os únicos e principais criadores de todas as inovações político-jurídicas da história, pois foram esses os lugares nos quais o Império

---

[139] NEGRI, Antonio; HARDT, Michael. *Império*. Rio de Janeiro: Record, 2012, pp. 14-15.

[140] NEGRI, Antonio; HARDT, Michael. *Império*. Rio de Janeiro: Record, 2012, p. 15.

[141] NEGRI, Antonio; HARDT, Michael. *Império*. Tradução de Berilo Vargas. Rio de Janeiro: Record, 2012, p. 15.

testemunhou sua ascensão há séculos, além disso, lá os conceitos e as práticas imperiais que hoje persistem foram cunhados.

Negri e Hardt, portanto, intitulam de Império o verdadeiro regime de exceção que as grandes potências econômico-políticas, notadamente os Estados Unidos, imprimem sobre os demais atores do cenário mundial, suspendendo quando, como e com a duração que quiserem o Direito Internacional.

4.2 A GUERRA COMO MEDIDA DE EXCEÇÃO

Dos teóricos da guerra, abordaremos as concepções principais de Raymond Aron, Hans Morgenthau, Michael Walzer, Carl Von Clausewitz, Norman Angell e Carlos Roberto Husek, procurando compreender as origens humanas da guerra, bem como seu uso indevido como medida de exceção.

Raymond Aron, em primeiro lugar, adota a guerra como ponto de partida, pois, em suas palavras, "a conduta estratégico-diplomática refere-se à eventualidade do conflito armado".[142] Isso significa que, apesar do objetivo razoável de todas as sociedades ser a paz, "[e]ssa afirmativa não contradiz o princípio da unidade da política externa, do intercâmbio contínuo entre as nações".[143] Continua:

> Quando se recusa a recorrer aos meios violentos, o diplomata não se esquece da possibilidade e das exigências da arbitragem pelas armas. A rivalidade entre as coletividades não se inicia com o rompimento de tratados, nem se esgota com a conclusão de uma trégua. Contudo, qualquer que seja o objetivo da política externa – posse do solo, domínio sobre populações, triunfo de

142 ARON, Raymond. *Paz e guerra entre as nações*. Brasília: Editora Universidade de Brasília, Instituto de Relações Internacionais; São Paulo: Imprensa Oficial do Estado de São Paulo, 2002, p. 13.

143 ARON, Raymond. *Paz e guerra entre as nações*. Brasília: Editora Universidade de Brasília, Instituto de Relações Internacionais; São Paulo: Imprensa Oficial do Estado de São Paulo, 2002, p. 13.

> uma ideia –, este objetivo nunca é a *guerra em si*. Alguns homens amam a luta por si mesma; alguns povos praticam a guerra como um esporte. No nível das civilizações superiores, contudo, quando os Estados se organizam legalmente, a guerra pode não ser mais do que um meio (quando é deliberada conscientemente) ou uma calamidade (se foi provocada por causa desconhecida dos atores).[144]

Em Aron, é possível distinguir a paz em diversos sentidos: equilíbrio, hegemonia e império. Isso significa que as forças das unidades políticas estão, respectivamente, em equilíbrio, ou dominadas por alguma delas, ou superadas a tal ponto pelas forças de uma só unidade que todas as demais perdem autonomia e tendem a desaparecer enquanto centros de decisão política. O último é o Estado imperial, que tem o monopólio da violência legítima a nível mundial.

A guerra enquanto instituição, para Aron, possui raízes biológicas e psicológicas, pois "[o] homem não agride seu semelhante por instinto, mas apesar disto é sempre, em cada momento vítima e carrasco. A agressão física e a vontade de destruir não constituem a única reação possível à frustração, mas uma das respostas possíveis...".[145] E conclui o raciocínio lembrando Hobbes e dizendo que "os filósofos não se equivocavam quando diziam que o homem é *naturalmente* um perigo para outros homens".[146]

Aron defende que a frustração, a privação e a incapacidade de réplica contra um agressor são os germens da guerra: "o indivíduo frustrado é irritadiço: o limitar da reação agressiva é nele mais baixo do que em qualquer outro indivíduo", complementa dizendo que: "[o] animal

---

[144] ARON, Raymond. *Paz e guerra entre as nações*. Brasília: Editora Universidade de Brasília, Instituto de Relações Internacionais; São Paulo: Imprensa Oficial do Estado de São Paulo, 2002, pp. 219-220.

[145] ARON, Raymond. *Paz e guerra entre as nações*. Brasília: Editora Universidade de Brasília, Instituto de Relações Internacionais; São Paulo: Imprensa Oficial do Estado de São Paulo, 2002, p. 441.

[146] ARON, Raymond. *Paz e guerra entre as nações*. Brasília: Editora Universidade de Brasília, Instituto de Relações Internacionais; São Paulo: Imprensa Oficial do Estado de São Paulo, 2002, p. 441. *Grifo do autor.*

humano que tivesse a felicidade de viver num meio onde não ocorresse nenhuma oportunidade para a luta, onde não houvesse qualquer motivo para o conflito, não sofreria por isto qualquer dano, fisiológico ou nervoso".[147]

A sociabilidade, diferente do que se pensa, não atenua a agressividade do indivíduo, mas tende a incrementá-la. Assim, "é impossível projetar no presente e no futuro da humanidade estas imagens ou sonhos de paz".[148] Em Aron, portanto, as relações em nível internacional necessitam do uso da força para se resolverem, já que a guerra é algo inerente ao homem e, no plano internacional, não há o que impeça os Estados soberanos de atuar.

Hans Morgenthau, por outro lado, como Schmitt, via a ordem internacional modelada por uma distribuição material de poder e tratava o Direito Internacional como uma ilusão, na medida em que tentava canalizar conflitos que se referiam sobre o poder em organismos internacionais e mecanismos formais de solução de controvérsias.[149]

Os questionamentos que Morgenthau propõe sobre a guerra tangem o tema do desarmamento – paz armada, em sua concepção – e são os seguintes: (a) qual deve ser a proporção entre os armamentos de diferentes nações?; (b) qual é o padrão de acordo com o qual, dentro dessa razão, os diferentes tipos e quantidades de armamentos devem ser alocados às distintas nações?; (c) qual o efeito real dessas respostas em vista da pretendida redução de armamentos?; e (d) qual o efeito do desarmamento sobre as questões de ordem e de paz internacional?

Sobre a proporção do desarmamento entre as diferentes nações, Morgenthau diz que nações politicamente ativas competem pelo poder,

---

[147] ARON, Raymond. *Paz e guerra entre as nações*. Brasília: Editora Universidade de Brasília, Instituto de Relações Internacionais; São Paulo: Imprensa Oficial do Estado de São Paulo, 2002, pp. 440-441.

[148] ARON, Raymond. *Paz e guerra entre as nações*. Brasília: Editora Universidade de Brasília, Instituto de Relações Internacionais; São Paulo: Imprensa Oficial do Estado de São Paulo, 2002, p. 446.

[149] MORGENTHAU, Hans J. *A política entre as nações*. Brasília: Universidade de Brasília, 2003, p. 87.

e os armamentos são elementos indispensáveis para essa corrida. Nesse pensamento, as nações não se armam para atacar, mas primordialmente para se defender. Assim, um estudo sobre as reais necessidades, ameaças e conjuntura política de um dado Estado seria necessário para determinar qual a proporção do desarmamento: em quantidade ou em qualidade, em armas comuns ou armas nucleares, se há ameaças a nível regional ou internacional etc. Só dessa maneira poderíamos controlar a proporção de quanto cada país precisa para potencialmente se defender, caso seja atacado.

No que tange ao padrão de acordo, também são trazidas as diferenciações entre regionalismo e universalismo, uma vez que os maiores exemplos de acordos bem-sucedidos trazidos pelo autor são entre dois países.

Morgenthau também analisa que a Conferência Mundial de Desarmamento teria o condão de avaliar os riscos de ataque estrangeiro, os meios de defesa não-bélicos e a necessidade efetiva de armamentos em cada país para, só então, determinar o padrão dos acordos: quantitativos, qualitativos, sobre o desarmamento ou o controle de armas, armamento nuclear ou convencional.

Sobre os efeitos do desarmamento à paz mundial, ele diz que parte dos pensadores afirma ser a guerra possível porque os países possuem armas, e, assim, se abrissem mão de todas elas, toda e qualquer luta se tornaria impossível. Essa era a visão do vice-representante dos EUA na Comissão de Desarmamento das Nações Unidas, em 1953:

> O objetivo de um programa de desarmamento deve consistir em evitar a guerra e não em regular os armamentos usados na guerra. (...) os Estados Unidos não aceitam a guerra como algo inevitável [e continua:] (...) O objetivo é reduzir a probabilidade de um conflito por meio da redução da possibilidade de guerra e de agressão armada.[150]

[150] MORGENTHAU, Hans J. *A política entre as nações*. Brasília: Universidade de Brasília, 2003, p. 754.

Contudo, o autor também reflete que quando o ímpeto belicoso se instala, não importa que o país esteja desprovido de armamentos, ele arranjará um jeito através do qual lutará para manter sua autoridade:

> (...) em uma sociedade composta de países soberanos, que por definição constituem a mais elevada autoridade dentro dos respectivos territórios nacionais, a satisfação desses desejos e a liberação dessas emoções serão buscadas por todos os meios assegurados pela tecnologia do momento e que sejam permitidos pelas regras de conduta imperantes. De acordo com o período da história, esses meios poderão ser flechas e espadas, canhões e bombas, gases e mísseis teleguiados, bactérias e armas nucleares.[151]

Eliminar totalmente certos tipos de armamentos (na subdivisão armamento convencional *versus* armamento nuclear) pode exercer influência sobre a tecnologia utilizada em determinada guerra que venha a ebulir, mas não a impediria de acontecer. Morgenthau diz que o efeito da proibição de certos armamentos, se universalmente respeitada, seria reduzir o nível da tecnologia de guerra ao patamar existente na manhã de 16 de julho de 1945.

De modo diverso, Walzer afirma que a inevitabilidade ou a necessidade de uma decisão desse porte – de uso da força – só pode ser feita depois do fato ter ocorrido, uma vez que deve haver uma deliberação política sobre o que se tornou indispensável frente a um dado fato. Ele afirma que os "julgamentos sobre a necessidade nesse sentido são sempre de caráter retroativo – obra de historiadores, não de agentes históricos",[152] ou seja, ao julgar moralmente um fato, nós repetimos o processo decisório que culminou em uma dada ação.

Assim, a decisão pelo uso da força nada mais é do que um julgamento moral. Dá-se o pretexto a tal decisão pela necessidade ou pela

---

[151] MORGENTHAU, Hans J. *A política entre as nações*. Brasília: Universidade de Brasília, 2003, p. 755.

[152] WALZER, Michael. *Guerras justas e injustas*: argumentação moral com exemplos históricos. São Paulo: Martins Fontes, 2003, p. 12.

coação, mas não passa de uma cortina de fumaça que tenta encobrir o real objetivo do uso da força. Como Walzer relembra, Jaeger afirmava que "o princípio da força gera um universo só seu, com leis próprias, distintas e separadas das leis da vida moral".[153]

Os generais atenienses, na batalha de Melos, procuraram justificar o massacre dos habitantes da ilha e a escravização das mulheres e crianças através das circunstâncias da guerra e das necessidades da natureza. Isso não justifica de maneira alguma, no campo político, a decisão ateniense, apenas serve de pretexto para tanto.

Walzer analisa que se o realismo nega a liberdade, e a liberdade nos traria uma decisão moral, o realismo é também uma negação do debate moral, e que sempre estarão em evidência os interesses individuais em detrimento dos interesses da sociedade, como afirma Hobbes: "Eles consideram digno o que agrada, e justo o que dá lucro".[154] Conforme o autor, "o discurso moral é sempre suspeito, e a guerra é somente um caso extremo de anarquia dos significados morais".[155]

Assim, o fato de um Estado utilizar-se de ação militar em prol da paz de outro é discurso moral, pois na guerra o direito se cala, na perspectiva do autor, "a guerra é somente um caso extremo de anarquia dos significados morais".[156] A confusão da guerra transforma a moral num universo ideológico e de manipulação verbal, prevalecendo os interesses do Estado invasor.

O uso da força na Carta da ONU está mencionado no artigo 2(4), em tom negativo, proibitivo: "Todos os Membros deverão evitar em

---

[153] JAEGER, Werner. *Paideia:* a formação do homem grego. 4. ed., 2001, *apud* WALZER, Michael. *Guerras justas e injustas*: argumentação moral com exemplos históricos. São Paulo: Martins Fontes, 2003, p. 10.

[154] HOBBES, Thomas. *Leviatã*, cap. IV *apud* WALZER, Michael. *Guerras justas e injustas*: argumentação moral com exemplos históricos. São Paulo: Martins Fontes, 2003, p. 16.

[155] WALZER, Michael. *Guerras justas e injustas*: argumentação moral com exemplos históricos. São Paulo: Martins Fontes, 2003, p. 16.

[156] WALZER, Michael. Guerras Justas e Injustas: argumentação moral com exemplos históricos. São Paulo: Martins Fontes, 2003, p. 16.

suas relações internacionais a ameaça ou o uso da força contra a integridade territorial ou a dependência política de qualquer Estado, ou qualquer outra ação incompatível com os Propósitos das Nações Unidas".[157] Além disso, o próprio preâmbulo assevera que os signatários comprometem-se a não recorrer à força para resolver os conflitos com os Estados vizinhos, também mencionando uma proibição de tal prática em: "praticar a tolerância e viver em paz, uns com os outros, como bons vizinhos, e unir as nossas forças para manter a paz e a segurança internacionais, e a garantir, pela aceitação de princípios e a instituição dos métodos, que a força armada não será usada a não ser no interesse comum (...)".[158]

Sobre ações relativas à ameaça e à ruptura da paz ou de atos de agressão, os artigos 41 e 42 dialogam entre si no sentido de: o primeiro atribui ao Conselho de Segurança as decisões sobre a efetividade de seus comandos "*sem envolver o emprego de forças armadas*";[159] enquanto, o segundo prevê que, se ineficientes as táticas do artigo anterior, a ONU poderá se utilizar de forças aéreas, navais ou terrestres, desde que consultada e sob o comando da Comissão de Estado-Maior, para maior segurança. O artigo 51, todavia, garante o uso da força pelo Estado com relação a um ataque armado contra si ou contra uma coletividade, em nome da legítima defesa, mas apenas até que a ONU tenha tomado medidas a respeito do ataque.

Portanto, a justificativa mais plausível do uso da força pelos Estados, pela Carta da ONU, é na legítima defesa, e, mesmo assim, se comunicada e se não houver ainda decisão ou medida da ONU. Quanto à organização, o uso da força apenas será colocado em prática se as demais medidas não-belicosas se mostrarem insuficientes, visto que a máxima da criação da instituição é justamente a paz, e não a guerra para solução de conflitos.

---

[157] ORGANIZAÇÃO DAS NAÇÕES UNIDAS. *Carta das Nações Unidas*. Rio de Janeiro: UNIC Rio de Janeiro, 1948, pp. 6-7. Disponível em: https://brasil.un.org/pt-br/91220-carta-das-nacoes-unidas. Acesso em: 29 ago. 2019.

[158] ORGANIZAÇÃO DAS NAÇÕES UNIDAS. *Carta das Nações Unidas*. Rio de Janeiro: UNIC Rio de Janeiro, 1948, p. 3. Disponível em: https://brasil.un.org/pt-br/91220-carta-das-nacoes-unidas. Acesso em: 29 ago. 2019.

[159] ORGANIZAÇÃO DAS NAÇÕES UNIDAS. *Carta das Nações Unidas*. Rio de Janeiro: UNIC Rio de Janeiro, 1948, p. 30. Disponível em: https://brasil.un.org/pt-br/91220-carta-das-nacoes-unidas. Acesso em: 29 ago. 2019. *Grifo nosso*.

Já em Von Clausewitz, a teoria diz que "a guerra nada mais é que um duelo em uma escala mais vasta"[160], ou seja, um tentando submeter o outro à própria vontade através da violência. Por ser força bruta, a guerra não se limita a direito algum e faz uso irrestrito da força até que se cumpra sua finalidade de subjugar o adversário à sua vontade. Para ele, não há princípio moderador na filosofia da guerra, e é um erro acreditar que se pode vencer o oponente sem verter demasiado sangue: "[i]gnorar o elemento de brutalidade, devido à repugnância que ele inspira, é um desperdício de força".[161]

A guerra é um ato de violência em Von Clausewitz, e o ato de violência independe do grau civilizatório de uma nação, mas subordina-se à importância e à persistência do inimigo na busca de seus interesses. Assim, mesmo com maior incidência de uma inteligência de guerra, esta não deixa de ser força bruta, apenas é moderada por vontade da parte que a utiliza, como estratégia de guerra e não de limite a ela. Eis a primeira ação recíproca da guerra: um executa a sua lei sobre o outro.

O objetivo principal da ação militar, para o autor, é criar um cenário de desvantagem perene ao adversário, sendo a pior delas o completo desarmamento. Ele assemelha o desarmamento à derrota do inimigo, pois a guerra pressupõe que ambos os lados tenham substância para lutar, e, retirando-a do adversário, vence-se o combate. Eis a segunda ação recíproca da guerra: abater o adversário para que não haja chance de destruir-me.

A força aplicada à guerra será medida pela extensão dos meios que dispõe o inimigo e o quão firme é sua vontade em resistir. O poder de resistência de ambos os lados será a "régua material" da utilização de mais ou menos força, levando-se a guerra a outra (terceira) ação recíproca: adequar proporcionalmente os esforços ao poder de resistência do inimigo.

Clausewitz argumenta que apenas haverá um vencedor absoluto se: (i) a guerra fosse ato completamente isolado, "que surgisse bruscamente

---

[160] VON CLAUSEWITZ, Carl. *Da guerra*. São Paulo: Martins Fontes, 2010, p. 7.

[161] VON CLAUSEWITZ, Carl. *Da guerra*. São Paulo: Martins Fontes, 2010, p. 8.

e sem conexão com a vida anterior do Estado";[162] (ii) a guerra emergisse de decisão única ou decisões concomitantes; e, (iii) ela envolvesse uma decisão completa em si mesma, ignorando suas consequências e implicações políticas.

Contudo, a guerra não é ato isolado, ela nunca surge subitamente, mas sim cada lado cria a figura do outro com base em suas ações na realidade, comandadas pela vontade, e, aos poucos, as relações vão se tencionando. Do mesmo modo, a guerra não se limita a um só golpe, em verdade, são decisões sucessivas de ambos os lados que condicionam a escalada do conflito, pois não se põe em prática todas as forças simultaneamente: as forças militares, o território e os aliados são elementos que não se esgotam a um só tempo. Por fim, a guerra não tem resultado absoluto, o Estado vencido pode ver na derrota uma temporariedade a qual a política pode, mais tarde, solucionar.

Os extremos e absolutos dos conceitos até então demonstrados cedem lugar à prática, que, em sendo junção de vetores opostos, modera a ação belicosa. Nesse sentido, afirma Clausewitz:

> Cada uma das duas partes esforçar-se-á por prever a ação da outra, tirando as suas conclusões do caráter, das instituições, da situação e das condições em que o adversário se encontra, e adaptará a sua própria ação a essas condições servindo-se das leis do cálculo das probabilidades.[163]

Nesse cenário de diminuição do rigor dos extremos no âmbito prático, vê-se o ressurgimento do objetivo político da guerra. Ele deve ser forte o suficiente para que o combatente não ceda ao ímpeto de abandoná-lo na primeira dificuldade.

Argumenta, ainda, que a interrupção do ato de guerra só se dá se um dos lados enxergar o momento como não propício para ação, na expectativa de momento mais favorável, o que, necessariamente, implica

---

[162] VON CLAUSEWITZ, Carl. *Da guerra*. São Paulo: Martins Fontes, 2010, p. 12.

[163] VON CLAUSEWITZ, Carl. *Da guerra*. São Paulo: Martins Fontes, 2010, p. 16.

ser propício esse mesmo momento para o outro combatente. A inação ocupa a maior parte da guerra do que a ação, por conta do princípio da polaridade, isto é, a vitória de um lado exclui necessariamente a do outro, a ação de um importa a ação oposta do outro, independentemente do seu desígnio inicial, e, muitas vezes, a defesa supera o ataque na guerra, ocasionando maior dispêndio de tempo em inação do que em ação. Outra coisa que causa suspensão do ato de guerra é o conhecimento imperfeito da situação, em forma de alerta ou de cautela. Quanto mais inação, mais próximo às probabilidades e mais longe da guerra do absoluto.

Assim, defende que é o acaso que transforma a guerra em um jogo: "[n]enhuma atividade humana depende tão completamente e universalmente do acaso como a guerra. O acidental e a sorte desempenham, pois, com o acaso, um grande papel na guerra".[164]

Por ser o espírito humano frequentemente atraído pela incerteza, pelo acaso e pela sorte, a teoria não pode deixar de lado o elemento humano, a coragem, a audácia, a bravura na arte da guerra. Explica Clausewitz que a guerra de uma comunidade, especialmente as nações intituladas "civilizadas", surge sempre do acirramento de uma situação política, ou seja, a guerra é um ato político e está submetida a um objetivo político até que alcance tal finalidade. "A guerra é pois, de certa maneira, uma pulsação regular da violência, mais ou menos pronta a abrandar as suas tensões e a esgotar as suas forças – em outras palavras, que atinge mais ou menos rapidamente a sua finalidade".[165]

A diversidade da natureza das guerras se dá pela maior ou menor aproximação com o objetivo político. "Quanto mais a finalidade militar e os objetivos políticos coincidirem, tanto mais a guerra parecerá puramente militar e menos política",[166] e, por outro lado, assevera que "quanto mais fracos forem os motivos (...), tanto mais a guerra se afastará da sua tendência natural, mais se aprofundará a diferença entre

[164] VON CLAUSEWITZ, Carl. *Da guerra*. São Paulo: Martins Fontes, 2010, p. 24.

[165] VON CLAUSEWITZ, Carl. *Da guerra*. São Paulo: Martins Fontes, 2010, pp. 26-27.

[166] VON CLAUSEWITZ, Carl. *Da guerra*. São Paulo: Martins Fontes, 2010, p. 28.

o desígnio político e a finalidade de uma guerra ideal, e mais a guerra parecerá tornar-se política".[167]

Portanto, a guerra deve ser considerada, em Von Clausewitz, como instrumento político e não como uma coisa independente, de modo que as guerras diferem de acordo com a natureza dos seus motivos e as circunstâncias que as deflagram. No plano teórico, ele afirma que a guerra é ato de violência destinado a forçar o inimigo a executar a vontade do outro, e a vitória se dá pelo seu desarmamento, mas, na prática, percebe que o ímpeto político inicial sofre desvios e alterações ao longo do caminho, que a guerra não é ciência absoluta, mas jamais encontra limites de qualquer natureza senão puramente estratégias de ação.

Para ele, a guerra encontra balizas na política e dela não se afasta, mas defende que a guerra é ilimitada, força bruta, continuação de uma política falha. O próprio autor diz que a guerra nada mais é do que uma simples continuação da política por outros meios. "[A] intenção política é o fim, enquanto a guerra é o meio, e não se pode conceber o meio independentemente do fim".[168]

Em visão não muito diversa, Norman Angell basicamente defende a guerra do ponto de vista subjetivo, por ter intrínseco ao ser humano, o ímpeto belicoso. Diz ele que não é a economia nem a política que deflagram a guerra, mas a natureza humana: "Às vezes, os homens combatem por amor à luta, às vezes por uma causa grande e nobre, ou por uma causa má; mas nunca, praticamente, guiados por um livro de contabilidade ou um contrato".[169]

Ele admite que os pacifistas, antes, eram considerados, pelos que defendem a guerra como inevitável na luta entre homens, como idealistas extraviados e sentimentais, "propensos a esquecer as árduas condições da luta vital e inclinados a exigir da natureza humana mais do que ela

---

[167] VON CLAUSEWITZ, Carl. *Da guerra*. São Paulo: Martins Fontes, 2010, p. 28.

[168] VON CLAUSEWITZ, Carl. *Da guerra*. São Paulo: Martins Fontes, 2010, p. 27.

[169] THE SPECTATOR *apud* ANGELL, Norman. *A grande ilusão*. Brasília: Editora Universidade de Brasília, Instituto de Relações Internacionais; São Paulo: Imprensa Oficial do Estado de São Paulo, 2002, p. 136.

pode proporcionar em sacrifício a um dogma simplesmente ideológico".[170] Hoje, entretanto, os antipacifistas compreendem que a paz pode promover os interesses materiais da humanidade, mas defendem que ela contraria os interesses do espírito, o que sempre brecará a implementação verdadeira da paz.

Angell procura justificar também no campo moral a necessidade da guerra. "O patriota admite que a guerra pode causar sofrimentos, mas insiste em que os homens devem enfrentar esses sofrimentos por amor ao seu país".[171]

Ainda sobre a guerra e suas razões ou seu surgimento, Husek assevera que os fundamentos são mais complexos do que se imagina, pois há fatores sociais, econômicos, políticos e psíquicos. Sobre isso, assevera o internacionalista que "uma sociedade (interna e internacional) extremamente competitiva e individualista, como a nossa, provavelmente produz maiores possibilidades de rizas, escaramuças, neuroses, desejos, desejos incontidos, representações psíquicas",[172] e que isso tudo leva um indivíduo a usar do sistema para cumprir seu desejo, como um modo de autoafirmação.

Os indivíduos constituem o corpo social, este cria a nação e a nação é parte do relacionamento internacional. A crise de representatividade dialoga com a falência das democracias que não levam em conta um conteúdo material de não retrocesso de direitos, de preservação do Direito e acabam por apenas levar em conta a "decisão da maioria" – sendo que essa maioria, nas palavras de Strauss, pode ser "obra da loucura ou da baixeza".[173]

---

170 ANGELL, Norman. *A grande ilusão*. Brasília: Editora Universidade de Brasília, Instituto de Relações Internacionais; São Paulo: Imprensa Oficial do Estado de São Paulo, 2002, p. 145.

171 ANGELL, Norman. *A grande ilusão*. Brasília: Editora Universidade de Brasília, Instituto de Relações Internacionais; São Paulo: Imprensa Oficial do Estado de São Paulo, 2002, p. 146.

172 HUSEK, Carlos Roberto. *A nova (des)ordem internacional*. São Paulo: RCS, 2007, p. 139.

173 STRAUSS, Leo. *Direito natural e história*. São Paulo: WMF Martins Fontes, 2014, p. 121.

Husek demonstra que a valorização do indivíduo, da disputa, do egoísmo, não permite que o sistema internacional funcione da maneira que se espera. O sistema internacional, contudo, pecou por, durante muitos, anos não reconhecer o indivíduo como parte da sociedade, das discussões políticas internacionais, do Direito Internacional propriamente dito, e isso acabou por gerar profundas mudanças no sistema.

Foi sob o viés dos direitos humanos, justamente por advogarem por um rol mínimo de direitos inerentes ao ser humano, bastando sê-lo para tê-los, que o fenômeno da humanização do Direito Internacional vem acontecendo desde o pós-guerra. Tanto como sujeito ativo, na petição perante órgãos internacionais de direitos humanos, por exemplo, quanto no polo passivo, na responsabilização por crimes e atrocidades de grande vultuosidade no âmbito penal internacional, o indivíduo têm adentrado a esfera internacional.

Além disso, Rousseau, como mencionado por Husek, foi lembrado por Albuquerque de Melo por sua listagem das características de uma guerra total: (i) universal; (ii) não se limita ao território dos beligerantes; (iii) estende-se a todos sem distinguir beligerantes e não-beligerantes; (iv) prolonga-se mesmo depois da cessação das hostilidades; e (v) exige capitulação incondicional. Esse tipo de guerra está proibido pelo Direito Internacional Humanitário, pelo *jus in bellum*. Civis jamais podem ser alvo de ataques numa guerra que respeite o Direito Internacional, nem sem intenção – proibição do "bombardeio cego".[174] Temos também proibições no uso de armamento: são vedadas guerras químicas, bacteriológicas e nucleares.[175]

Hoje, a guerra internacional, ainda que todo o sistema internacional determine que este seja o último recurso à resolução de conflitos, é aquela que se dá perante dois ou mais Estados, mas há discussões sobre a violência praticada pelo Estado e contra ele de agentes não-estatais, como grupos intitulados terroristas pela comunidade internacional.

---

174 HUSEK, Carlos Roberto. *A nova (des)ordem internacional*. São Paulo: RCS, 2007, p. 152.

175 HUSEK, Carlos Roberto. *A nova (des)ordem internacional*. São Paulo: RCS, 2007, p. 150.

Nessa seara, vale mencionar que a solidariedade entre os Estados está pactuada no Direito Internacional, é imperativa, até porque quem se mantém neutro está tomando partido daquele que pratica a injustiça, a violência primeira. Sobre isso, afirma que "não se admi[te] que um país venha a ser beneficiário de um mundo de paz e progresso, quando não tenha participado dos esforços de guerra para combater o inimigo",[176] ou seja, os Estados todos se responsabilizam pelos resultados de uma guerra internacional, pois a guerra nada mais é do que a falha miserável do sistema jurídico-político internacional, cunhado durante todo esse tempo por todos os Estados, em maior ou menor proporção.

Devemos tomar cuidado, contudo, ao afirmar que outros Estados, inicialmente fora do conflito, podem intervir nele de maneira ilimitada. O art. 43 da Carta da ONU[177] demonstra que todos os membros da Organização devem contribuir para a manutenção da paz e da segurança, e não colaborar ou aumentar o conflito. Para isso, eles devem estabelecer assuntos como assistência, facilidades, direitos de passagem, e eventual uso da força pontual e com finalidade específica perante o Conselho de Segurança, jamais por si mesmos, unilateralmente.

Assim, a intervenção que falamos quando obrigamos os Estados a se manifestarem sobre um conflito de guerra internacional é esse regido pelo Direito Internacional. Husek afirma que "não se admi[te] que um país

---

[176] HUSEK, Carlos Roberto. *A nova (des)ordem internacional.* São Paulo: RCS, 2007, p. 153.

[177] "Art. 43. (1) Todos os membros das Nações Unidas, a fim de contribuir para a manutenção da paz e da segurança internacionais, se comprometem a proporcionar ao Conselho de Segurança, a seu pedido e em conformidade com um acordo ou acordos especiais, forças armadas, assistência e facilidades, inclusive direitos de passagem, necessários à manutenção da paz e da segurança internacionais. (2) Tal acordo ou tais acordos determinarão o número e tipos das forças, o seu grau de preparação e a sua localização geral, bem como a natureza das facilidades e da assistência a serem proporcionadas. (3) O acordo ou acordos serão negociados o mais cedo possível, por iniciativa do Conselho de Segurança. Serão concluídos entre o Conselho de Segurança e membros da Organização ou entre o Conselho de Segurança e grupos de membros e submetidos à ratificação, pelos Estados signatários, em conformidade com os respectivos procedimentos constitucionais". (ORGANIZAÇÃO DAS NAÇÕES UNIDAS. *Carta das Nações Unidas.* Rio de Janeiro: UNIC Rio de Janeiro, [s.d.], p. 31).

venha a ser beneficiário de um mundo de paz e progresso, quando não tenha participado dos esforços de guerra para combater o inimigo".[178] A neutralidade, segundo ele, "é a abstenção de um Estado a participar dos esforços da guerra. Não está contemplada na Carta da ONU (...) resta saber se a neutralidade, realmente, é um fato político ou tem efeitos jurídicos".[179]

Os membros da ONU não têm direito de ficarem neutros perante uma guerra internacional. Por estarem numa Organização fundada para manter a paz e a segurança internacionais, eles têm a responsabilidade de fazer todo o esforço para terminar com a referida guerra, trazer de volta a discussão para a mesa de negociações, em nome da adoção obrigatória dos métodos de solução pacífica de controvérsias.

Quanto à unilateralidade de decisão de alguns Estados, como os Estados Unidos, que agem como polícia mundial, usurpando o campo decisório internacional acordado previamente entre os Estados, Husek cita Bresser Pereira, o qual afirma:

> Neste mundo global e crescentemente democrático, o governo Bush, usando o 11 de setembro, como desculpa, limita os direitos de cidadania dentro dos Estados Unidos, afrontando os princípios democráticos, e no plano internacional decide agir unilateralmente como se fosse um império, quando no século XXI, já não há mais espaço para decisões unilaterais.[180]

A guerra ou o "uso da força" é, como mencionado na Carta da ONU e pela doutrina em detrimento do termo "guerra", na atualidade, utilizada como forma de suspender indefinidamente o Direito Internacional. Mesmo

---

[178] HUSEK, Carlos Roberto. *A nova (des)ordem internacional*. São Paulo: RCS, 2007, p. 153.

[179] HUSEK, Carlos Roberto. *A nova (des)ordem internacional*. São Paulo: RCS, 2007, p. 154.

[180] BRESSER-PEREIRA, Luiz Carlos. "O gigante fora do tempo: a guerra do Iraque e o sistema global" *Política Externa*, 12 (1), jun. 2013, pp. 43-62 *apud* HUSEK, Carlos Roberto. *A Nova (Des)ordem Internacional*. São Paulo: RCS, 2007, pp. 177-178.

após a criação da ONU e o período pós-guerra ter feito emergir com maior força a existência e a eficácia do Direito Internacional, Estados com grande poderio político-econômico continuam a intervir na soberania de outros Estados sem sua admissão, justificando tais atos como intervenção legítima para a restauração da ordem, a implementação de democracias ou a proteção dos direitos humanos.

O maior exemplo do exposto são os Estados Unidos da América. Tomando como ponto de partida o ano de 1945, criação da ONU e o fim das Guerras Mundiais, o país já participou ou iniciou mais de 20 guerras, notadamente a Guerra do Vietnã (1965-1973); a Guerra do Golfo (1990-1991); a Guerra no Afeganistão (2001-2014), como parte da Guerra ao Terror contra a Al Qaeda, pós-11 de setembro de 2001; a Guerra do Iraque (2003-2011); e, também como vertente da Guerra ao Terror, a Guerra no Paquistão (2004-presente), a Guerra no Iêmen (2010-presente) e a Guerra na Síria, contra o Estado Islâmico.

É a permanência constante em estado de guerra para que se instaure a exceção e jamais retorne à normalidade do sistema jurídico internacional, na qual não há suspensão de direitos para nenhum Estado ou cidadão, nem dispensa de obrigação ao Estado que decidiu por criar o regime excepcional.

4.3 A SUSPENSÃO DOS DIREITOS INTERNACIONAIS DOS DIREITOS HUMANOS E DO DIREITO INTERNACIONAL HUMANITÁRIO: A FRAUDE INTERNACIONAL

Os direitos humanos, conforme vimos no terceiro capítulo, decorrem da dignidade inerente do ser humano apenas pelo fato de sê-lo, independentemente da nacionalidade, do *status*, ou mesmo de qualquer erro cometido. O caráter de humanidade de um indivíduo não está, portanto, à disposição, assim como não está à disposição do Estado.

Haja vista essa análise, o Direito Internacional dos Direitos Humanos, no seu núcleo duro, busca garantir um padrão básico de proteção para todos os seres humanos em todos os momentos, em todos os lugares, estejam previstos de modo positivado ou não.

As práticas estadunidenses pós-11 de setembro são o exemplo mais claro e atual da instauração de um regime de exceção que suspende o Direito Internacional dos Direitos Humanos. De alguma maneira, houve o questionamento sobre a aplicabilidade da estrutura de direitos humanos a certas classes de indivíduos dispostos e certos lugares do planeta, em uma verdadeira Guerra ao Terror. Nessa pretensa guerra, as seguranças nacional e internacional eram o pretexto principal para a ocorrência de atrocidades e violações sistemáticas de direitos.

Dessa maneira, a contraposição da segurança frente aos direitos humanos, recorrendo ao paradigma da guerra, fez o mundo questionar se os direitos humanos são mero luxo do qual podemos abrir mão diante de problemas limítrofes, como o terrorismo, e o quão bem equipado é o quadro de direitos humanos para se ajustar e responder aos desafios impostos.

Qualquer medida que vise combater ameaças à segurança dos cidadãos dentro de um Estado, bem como a segurança do próprio Estado, como é o terrorismo, deve respeitar todos os documentos e Convenções Internacionais de Direitos Humanos, bem como o *common ground* jurídico internacional, independente de ratificação de tratados ou convenções.

Tal recomendação, que, em verdade, é obrigação perante o Direito Internacional dos Direitos Humanos, consta no Informe sobre Terrorismo e Direitos Humanos, de 2002, da Comissão Interamericana de Direitos Humanos:

> En estas circunstancias, la Comisión Interamericana de Derechos Humanos presenta este informe sobre terrorismo y derechos humanos, con la esperanza de que ayude a los Estados miembros de la Organización de los Estados Americanos y a otros actores interesados en el sistema interamericano a asegurar que las iniciativas contra el terrorismo se ciñan fielmente a los derechos y libertades humanas fundamentales y, de esta forma, cumplan con uno de los componentes fundamentales de una campaña exitosa contra la violencia terrorista.[181]

---

[181] Comissão interamericana de direitos humanos. *Informe sobre Terrorismo y Derechos Humanos*. Prefácio. 2002. Disponível em: http://www.cidh.org/terrorism/span/prefacio.htm. Acesso em: 5 out. 2017.

Mais recentemente, em 2013, o mesmo fez a Declaração Conjunta sobre Programas de Vigilância e seu Impacto na Liberdade de Expressão, das Relatorias para Liberdade de Expressão da Organização dos Estados Americanos (OEA) e da ONU:

> Nesse contexto, os relatores especiais reiteram sua preocupação com a existência de programas e práticas de segurança que possam gerar um sério prejuízo aos direitos à intimidade e à liberdade de pensamento e expressão. Como consequência, instam as autoridades correspondentes a revisar a legislação pertinente e modificar suas práticas, com a finalidade de assegurar sua adequação aos princípios internacionais em matéria de direitos humanos. Para efeitos de recordar sua doutrina nesta área e auxiliar os Estados no cumprimento de suas obrigações legais internacionais correspondentes, os relatores especiais decidiram elaborar e difundir a presente Declaração Conjunta, contendo os princípios básicos de Direito Internacional que servem para orientar o desenho e a implementação dos programas de vigilância destinados à luta contra o Terrorismo e à defesa da segurança nacional.[182]

A recorrência desse tipo de recomendação em inúmeros documentos revela uma preocupação das instituições em relação às respostas que os Estados adotam, pois, sob o pretexto de coibir o Terrorismo, algumas legislações criminalizam grupos que tenham uma tradição de contestação política e que, historicamente, sejam alvos do aparato repressor do Estado. À luz disso, a Organização das Nações Unidas recomendou, em diversas ocasiões, que os países que haviam adotado leis contraterroristas as adequassem de acordo com os padrões internacionais dos direitos humanos.

No que tange à deturpação sistemática dos direitos humanos, a qualquer pretexto, já alertou o preâmbulo da Declaração Universal dos Direitos Humanos:

---

[182] COMISSÃO INTERAMERICANA DE DIREITOS HUMANOS. "Declaração Conjunta sobre Programas de Vigilância e seu Impacto na Liberdade de Expressão", *Organização dos Estados Americanos*, 2013. Disponível em: http://www.oas.org/pt/cidh/expressao/showarticle.asp?artID=926&lID=4. Acesso em: 3 out. 2017.

> (...) o desprezo e o desrespeito pelos Direitos Humanos resultaram em atos bárbaros que ultrajaram a consciência da Humanidade e que o advento de um mundo em que os todos gozem de liberdade de palavra, de crença e da liberdade de viverem a salvo do temor e da necessidade foi proclamado como a mais alta aspiração do ser humano comum.[183]

A Declaração Universal dos Direitos Humanos, prevê nos artigos III e V, respectivamente, que "todo ser humano tem direito à vida, à liberdade e à segurança pessoal" e que "ninguém será submetido à tortura nem a tratamento ou castigo cruel, desumano ou degradante". Ademais, garante a Declaração que "[t]odo ser humano tem o direito de ser, em todos os lugares, reconhecido como pessoa perante a lei" (artigo VI), ou seja, o indivíduo jamais perde sua humanidade, sua condição de pessoa, independentemente da situação social, política, contingencial do Estado em que se encontra.

No mesmo sentido, o Pacto Internacional dos Direitos Civis e Políticos, prevê nos artigos 6(1) e 7 que "o direito à vida é inerente à pessoa humana. Este direito deverá ser protegido pelas Leis. Ninguém poderá ser arbitrariamente privado de sua vida"[184] e que "[n]inguém poderá ser submetido a tortura, nem a penas ou tratamento cruéis, desumanos ou degradantes. Será proibido, sobretudo, submeter uma pessoa, sem seu livre consentimento, a experiências médicas ou científicas".[185]

Também, no plano americano, o direito à vida está estabelecido no artigo I da Declaração Americana dos Direitos e Deveres do

---

183 ORGANIZAÇÃO DAS NAÇÕES UNIDAS. *Declaração Universal dos Direitos Humanos*. Paris: Assembleia Geral das Nações Unidas, 10 dez. 1948. Disponível em: https://www.unicef.org/brazil/declaracao-universal-dos-direitos-humanos. Acesso em: 29 ago. 2019.

184 ORGANIZAÇÃO DOS ESTADOS AMERICANOS. *Pacto Internacional dos Direitos Civis e Políticos*. 1966. Disponível em: https://www.oas.org/dil/port/1966%20Pacto%20Internacional%20sobre%20Direitos%20Civis%20e%20Pol%C3%ADticos.pdf. Acesso em: 29 ago. 2019.

185 ORGANIZAÇÃO DOS ESTADOS AMERICANOS. *Pacto Internacional dos Direitos Civis e Políticos*. 1966. Disponível em: https://www.oas.org/dil/port/1966%20Pacto%20Internacional%20sobre%20Direitos%20Civis%20e%20Pol%C3%ADticos.pdf. Acesso em: 29 ago. 2019.

Homem[186] (todos têm direito à vida, à liberdade e à segurança da pessoa) e no artigo 4 da Convenção Americana de Direitos Humanos.[187]

A proibição da tortura, por sua vez, está no artigo 5(2) da Convenção Americana, a qual dispõe que "ninguém deve ser submetido a torturas, nem a penas ou tratos cruéis, desumanos ou degradantes". Continua o texto, prevendo que "toda pessoa privada da liberdade deve ser tratada com o respeito devido à dignidade inerente ao ser humano".

No mais, há o Protocolo Adicional à Convenção Americana sobre Direitos Humanos Referente à Abolição da Pena de Morte,[188] cujo comando é pela eliminação total da pena de morte no território dos países signatários, sem possibilidade de restrições.

Essas disposições aplicam-se tanto em tempos de paz como em situações de emergência distintas da guerra ou durante conflitos armados, pois fazem parte do intitulado *jus cogens*, o núcleo duro da proteção humana, independente de ratificação dos referidos tratados. Houve a transcendência da proteção para além do texto positivado nos assuntos de preservação da vida e proibição de tortura.

Assim, sempre permanece a proibição da privação arbitrária da vida, de execuções sumárias e de tortura. Em certa oportunidade, a Comissão

---

[186] COMISSÃO INTERAMERICANA DE DIREITOS HUMANOS. *Declaração Americana dos Direitos e Deveres do Homem*: aprovada na nona Conferência Internacional Americana. Bogotá, 1948. Disponível em: https://www.cidh.oas.org/basicos/portugues/b.Declaracao_Americana.htm. Acesso em: 29 ago. 2019.

[187] CONVENÇÃO AMERICANA DE DIREITOS HUMANOS. Adotada e aberta à assinatura na *Conferência Especializada Interamericana sobre Direitos Humanos*, San José de Costa Rica, em 22.11.1969 - ratificada pelo Brasil em 25.09.1992. Disponível em: http://www.pge.sp.gov.br/centrodeestudos/bibliotecavirtual/instrumentos/sanjose.htm. Acesso em: 29 ago. 2019.

[188] BRASIL. *Decreto n. 2.754, de 27 de agosto de 1998*. Promulga o Protocolo Adicional à Convenção Americana sobre Direitos Humanos Referente à Abolição da Pena de Morte, adotado em Assunção, em 8 de junho de 1990, e assinado pelo Brasil em 7 de junho de 1994. Brasília, DF: Presidência da República. Disponível em: http://www.planalto.gov.br/ccivil_03/decreto/D2754.htm. Acesso em: 12 set. 2019.

Interamericana especificou que os contornos do direito à vida podem variar no contexto de um conflito armado, mas a proibição da sua privação arbitrária segue sendo absoluta. Isso significa que o direito à vida e o direito à integridade física – no que tange à proibição de tortura – não podem ser suspendidos em circunstância alguma, incluídos os conflitos armados e os estados de emergência, ainda que legítimos.

Da mesma maneira que os sistemas global e interamericano, a Convenção Europeia dos Direitos do Homem garante o direito à vida no artigo 2, ao prever que "o direito à vida de todos deve ser protegido por lei" e que "ninguém deve ser privado de sua vida intencionalmente, salvo na execução de uma sentença de um tribunal após sua condenação de um crime para o qual esta penalidade é fornecida por lei".[189]

Após o Protocolo n. 13 da Convenção, ficou ainda mais evidente que a pena de morte está abolida, principalmente a morte sem qualquer procedimento judicial que garanta ampla defesa e todos os meios a ela inerentes. Estabelece, ainda, o artigo 3, peremptória e sucintamente, que "ninguém deve ser submetido a tortura ou a tratamentos ou penas desumanos ou degradantes"[190], ou seja, tortura também está abolida de todas as formas e constitui norma peremptória, indiscutível.

O *Patriot Act* dos EUA, mesmo com a prorrogação de 2015, também viola o direito à vida e à dignidade humana, pois não só foi submetida a uma emenda para prever a pena de morte a terroristas (Lei de Aprimoramento da Pena de Morte aos Terroristas de 2005), mas também permite o assassinato de suspeitos de terrorismo por agentes policiais em mera cognição sumária, além de permitir a tortura como meio de obtenção de informações, como a famosa prisão de Guantánamo. Os Estados Unidos bradavam seu "direito" de matar qualquer suspeito de terrorismo em qualquer parte do mundo.

---

[189] CORTE EUROPEIA DE DIREITOS HUMANOS. *Convenção Europeia dos Direitos do Homem*. Roma, 1950. Disponível em: https://www.echr.coe.int/documents/convention_por.pdf. Acesso em: 12 set. 2019.

[190] CORTE EUROPEIA DE DIREITOS HUMANOS. *Convenção Europeia dos Direitos do Homem*. Roma, 1950. Disponível em: https://www.echr.coe.int/documents/convention_por.pdf. Acesso em: 12 set. 2019.

Nessa seara, assevera Pierre Klein, sobre os efeitos da resposta imediata mundial ao 11 de setembro, principalmente no direito à vida e à dignidade:

> Nombreux sont en effet les pays où, selon les époques et les menaces – réelles ou ressenties –, des mesures visant à restreindre la jouissance de certains droits fondamentaux ou à y déroger à plus ou moins long terme ont été adoptées. Les attentats du 11 septembre 2001, en particulier, ont incité un grand nombre d'États, dans toutes les régions du monde, à adopter de nouvelles législations et réglementations, ainsi qu'à mettre en œuvre diverses mesures destinées à prévenir ou à réprimer la perpétration d'actes de terrorisme. On citera notamment à cet égard: (...) le recours à l'élimination physique de personnes désignées comme terroristes (assassinats ciblés), à l'instar des nombreuses exécutions de responsables palestiniens par les forces armées israéliennes; les pratiques visant à sous-traiter la torture d'individus suspectés d'être impliqués dans des activités terroristes, en les transférant à des services de renseignements d'États alliés, moins soucieux du respect des droit fondamentaux.[191]

Assim, no curso de operações contraterroristas, os Estados usam da força letal contra suspeitos terroristas, justificando a partir do direito e do dever de garantir a segurança de todos, e isso, em algumas circunstâncias, pode requerer o uso da força letal. De fato, o Estado tem o direito e o dever de assegurar segurança aos seus cidadãos, mas como asseverou a Comissão Interamericana de Direitos Humanos nesse contexto:

> La primera obligación asumida por los Estados Partes, en los términos del citado artículo, es la de "respetar los derechos y libertades" reconocidos en la Convención. El ejercicio de la función pública tiene unos límites que derivan de que los derechos humanos son atributos inherentes a la dignidad humana y, en consecuencia, superiores al poder del Estado.[192]

---

[191] KLEIN, Pierre. *Le droit international à l'épreuve du terrorisme*. Recueil de Cours de l'Académie de Droit International de La Haye. Leiden: Martinus Nijhoff Publishers, 2006, p. 414.

[192] ORGANIZAÇÃO DOS ESTADOS AMERICANOS. Comissão Interamericana

No mais, a Comissão Interamericana, prestigiando outros sistemas de direitos humanos, afirmou que a Convenção Americana, assim como outros instrumentos universais e regionais de direitos humanos, e as Convenções de Genebra de 1949, "comparten un núcleo común de derechos no suspendibles y el objetivo común de proteger la integridad física y la dignidad del ser humano",[193] trata-se do *jus cogens*.

Além disso, explica a Comissão que os tratados de direitos humanos:

> (...) los tratados sobre derechos humanos son aplicables tanto en tiempo de paz como en situaciones de conflictos armados (...) tanto el artículo 3 común como el artículo 4 de la Convención Americana, protegen el derecho a la vida y, en consecuencia prohíben, *inter alia*, las ejecuciones sumarias en cualquier circunstancia.[194]

Já o tema da migração encontra amparo no Direito Internacional dos Direitos Humanos e no Direito Internacional dos Refugiados. O fechamento de fronteiras e algumas práticas xenofóbicas também violam os Direitos Humanos.

A Declaração Universal dos Direitos Humanos prevê, no artigo 13(2), cuja redação é "todo ser humano tem o direito de deixar qualquer país, inclusive o próprio e a esse regressar".[195] O Alto Comissariado da

---

de Direitos Humanos, *Caso Juan Carlos Abella v. Argentina*. San José, 18 de novembro de 1997. Disponível em: https://www.cidh.oas.org/annualrep/97span/Argentina11.137e.htm. Acesso em: 12 set. 2019.

[193] ORGANIZAÇÃO DOS ESTADOS AMERICANOS. Comissão Interamericana de Direitos Humanos, *Caso Juan Carlos Abella v. Argentina*. San José, 18 de novembro de 1997. Disponível em: https://www.cidh.oas.org/annualrep/97span/Argentina11.137c.htm. Acesso em: 12 set. 2019.

[194] ORGANIZAÇÃO DOS ESTADOS AMERICANOS. Comissão Interamericana de Direitos Humanos, *Caso Juan Carlos Abella v. Argentina*. San José, 18 de novembro de 1997. Disponível em: https://www.cidh.oas.org/annualrep/97span/Argentina11.137c.htm. Acesso em: 12 set. 2019.

[195] ORGANIZAÇÃO DAS NAÇÕES UNIDAS. *Declaração Universal dos Direitos Humanos*. Paris: Assembleia Geral das Nações Unidas, 10 dez. 1948. Disponível em: https://www.unicef.org/brazil/declaracao-universal-dos-direitos-humanos. Acesso em: 12 set. 2019.

ONU para os Direitos Humanos (ACNUDH) adotou, em 2016, os *Recommended Principles and Guidelines on Human Rights at International Borders*.[196] O item 8 da seção B – Não Discriminação torna claro que "[q] ualquer tratamento diferenciado dos migrantes nas fronteiras internacionais deve prosseguir legalmente um objetivo legítimo e proporcional",[197] principalmente quanto às medidas tomadas para abordar a migração irregular e para combater o terrorismo, o tráfico de seres humanos ou o contrabando de migrantes, ou seja, os tratamentos não podem ser discriminatórios em propósito ou efeito, inclusive sujeitando os migrantes a uma profissão com base em motivos proibidos e independentemente de eles terem sido contrabandeados ou traficados.

Uma análise dessas disposições pela ONG Conectas afirma que o princípio da assistência e proteção contra qualquer dano se encontra reiterado e que o item 10 da seção C – Assistência e Proteção de Perigo ponto 10 estabelece que "os Estados protegerão (...) os migrantes nas fronteiras internacionais, sem discriminação. As obrigações com os direitos humanos (...) devem prevalecer nos objetivos da gestão da migração e na aplicação da lei".[198]

As formas como ocorrem as barreiras, os impedimentos e as deportações em nome da luta contra o terrorismo violam as garantias previstas pelo Direito Internacional para a proteção dos direitos das pessoas migrantes.

---

196 OFFICE OF THE HIGH COMMISSIONER OF THE HUMAN RIGHTS. *Recommended Principles and Guidelines on Human Rights at International Borders*. Genebra, 2016. Disponível em: http://www.ohchr.org/Documents/Issues/Migration/OHCHR_Recommended_Principles_Guidelines.pdf. Acesso em: 19 set. 2017.

197 OFFICE OF THE HIGH COMMISSIONER OF THE HUMAN RIGHTS. *Recommended Principles and Guidelines on Human Rights at International Borders*. Genebra, 2016, p. 8. Disponível em: http://www.ohchr.org/Documents/Issues/Migration/OHCHR_Recommended_Principles_Guidelines.pdf. Acesso em: 19 set. 2017. *Tradução livre.*

198 OFFICE OF THE HIGH COMMISSIONER OF THE HUMAN RIGHTS. *Recommended Principles and Guidelines on Human Rights at International Borders*. Genebra, 2016, p. 9. Disponível em: http://www.ohchr.org/Documents/Issues/Migration/OHCHR_Recommended_Principles_Guidelines.pdf. Acesso em: 19 set. 2017. *Tradução livre.*

...iot *Act* estadunidense de 2001, já mencionado, a polí-
ti... entra em um instrumental político-estratégico usado
j... ıerra ao Terror, significando que parte das provisões
... davam especificamente com o tipo de política exigida
... ração. Afirma Amaral Junior que "[a] ingerência de uma
... a nacional sobre *todo* o desenho de uma burocracia até
... tiva independência demonstra o novo patamar conferido
...[199]

..., a legislação contraterrorista dos EUA exigiu reforço no controle sobre a fronteira com o Canadá, com a triplicação do número de agentes de alocação permanente e com a ampliação do acesso à ficha criminal de qualquer requerente a todos os tipos de visto, autorizando, ainda, que agentes de imigração e oficiais de inteligência investigassem e interceptassem qualquer estrangeiro do país.

Além disso, alargou-se a definição de terrorismo, apesar de nada claro e sólido ter sido elaborado, determinando que programas de controle e fiscalização da entrada de aeroportos, portos e postos de checagem passassem à direção do *Department of Homeland Security*, bem como a reformulação do conceito de tortura, permitindo que meios de coerção estivessem à disposição dos interrogadores.

A *Homeland Security Act of 2002*, também dos Estados Unidos, reformulou a burocracia imigratória e fundou o *Department of Homeland Security* pelo Congresso americano, que a partir de então subdividia-se em a *U.S. Citizenship and Immigration Services*, para serviços gerais de imigração, a *Investigations and Customs Enforcement*, para realização do *enforcement* doméstico, e, por fim, a *Customs and Border Protection*, responsável por tarefas aduaneiras e de proteção da fronteira.

Essa medida deu início a uma série de reformulações institucionais que procuravam adequar a plataforma governamental às novas pressões

---

[199] AMARAL JR. Wellington Gontijo do. *As políticas de imigração dos Estados Unidos*: entre o ativismo restricionista e o paradigma de *enforcement* imigratório contemporâneo. Dissertação (Mestrado em Ciência Política) – Faculdade de Filosofia, Letras e Ciências Humanas da Universidade de São Paulo, São Paulo, 2010, p. 211.

por combate ao terrorismo. Bush declarou que havia uma junção de forças para "fornecer as ferramentas extras necessárias para que o *law enforcement* [estivesse] no encalço do terrorismo dentro de nosso país".[200]

É o secretariado desse novo Departamento que se imiscui nas antigas prerrogativas do Departamento de Estado para emitir vistos e cuidar de todos os assuntos migratórios, que agora era questão de segurança nacional e do serviço secreto. Nesse sentido, afirma Rudolph que:

> Em contraste com os anos 1990, a regra principal para lidar com as inseguranças sociais baseava-se na máxima 'longe dos olhos, longe da mente', o que realmente ameaça quando se trata da entrada clandestina de terroristas estrangeiros e da presença de células 'adormecidas' dentro do país é essencialmente sua *invisibilidade* (...) A segurança passa, portanto, a demandar políticas que ao invés de *diminuir, aumentem* a visibilidade de modo que a entrada de indivíduos potencialmente perigosos possa ser prevenida.[201]

O que vemos é a correlação imediata entre imigrante e terrorista, seja nos Estados Unidos, seja na Europa, como traz o *Journal de Droit Européen* de abril de 2017:

> O estatuto de refugiado pode ser negado com base na diretiva sobre as condições para reivindicar o estatuto de refugiado ou a proteção internacional quando uma pessoa tenha participado das atividades de uma rede terrorista, não cometeu pessoalmente atos de Terrorismo ou foi instigador de tais atos (CJ, 31 de janeiro de 2017, Lounani, C-573/14).[202]

---

[200] BUSH, George W. *Address to a Joint Session of Congress Following 9/11 Attacks*. Washingtion, 2011. Disponível em: http://www.americanrhetoric.com/speeches/gwbush911jointsessionspeech.htm. Acesso em: 5 out. 2017. *Tradução livre*.

201 RUDOLPH, Christopher. *National security and immigration*: policy development in the United States and Western Europe since 1945. Stanford: Stanford University Press, 2006, p. 79. *Tradução livre*.

[202] JOURNAL DE DROIT EUROPÉEN. *Actualités, Asile et migration. Statut de réfugié d'une personne ayant participé à un réseau terroriste*, abril 2017, n. 238, p. 16-. *Tradução livre*.

Curioso é que não se vê discussão alguma sobre quando ou quem decide se o indivíduo participou ou não de uma rede terrorista, basta a inclusão numa lista meramente investigativa, o que vai de encontro à presunção de inocência do artigo 6(2) da Convenção Europeia de Direitos Humanos.[203]

Tratando-se também dos tempos atuais, a ordem executiva do presidente norte-americano Donald Trump, que restringe a imigração de sete países de maioria muçulmana, bem como o ato que separa crianças de seus pais na fronteira com o México, são exemplos de medidas excepcionais.

Desde esse ponto de viragem, terroristas inspirados pela ideologia jihadista realizaram dezesseis ataques nos Estados Unidos: sete pessoas foram vítimas de mortes e oito ficaram feridas. O número é relativamente baixo, "especialmente quando se considera que abrange um período de mais de quinze anos. Na década de 1970, os EUA experimentaram de cinquenta a sessenta atentados terroristas por ano, embora a maioria dos ataques não visasse matar, mas realizar uma violência simbólica".[204]

Apesar da existência de vítimas, afirma Jenkins que "o risco adicional para a segurança pública em um país com uma média de 15.000 homicídios por ano foi estatisticamente minúsculo. A república não está em perigo",[205] não há risco para a existência do Estado, a emergência, requisito à excepcionalidade, inexiste.

---

[203] EUROPEAN CONVENTION ON HUMAN RIGHTS. "Article 6: Right to a fair trial, (2) Everyone charged with a criminal offence shall be presumed innocent until proved guilty according to law", *European Convention on Human Rights*: as amended by Protocols Nos. 11 and 14, supplemented by Protocols Nos. 1, 4, 6, 7, 12, 13 and 16. Estrasburgo. Disponível em: http://www.echr.coe.int/Documents/Convention_ENG.pdf. Acesso em: 5 out. 2017.

[204] JENKINS, Brian Michael. "Why a Travel Restriction Won't Stop Terrorism at Home". *The Rand Blog*, 2017. Disponível em: https://www.rand.org/blog/2017/02/why-a-travel-restriction-wont-stop-terrorism-at-home.html#. Acesso em: 2 out. 2017. *Tradução livre.*

[205] JENKINS, Brian Michael. "Why a Travel Restriction Won't Stop Terrorism at Home". *The Rand Blog*, 2017. Disponível em: https://www.rand.org/blog/2017/02/why-a-travel-restriction-wont-stop-terrorism-at-home.html#. Acesso em: 2 out. 2017. *Tradução livre.*

Adentramos uma discussão às avessas do estado de direito, enfrentando elementos que caracterizam a presença do Estado autoritário desde o século XX, com o ápice no nazifascismo, cuja legitimação se dá por permissivos constitucionais, até as ditas democracias contemporâneas da atualidade. Os países europeus que vêm recentemente recebendo um grande número de imigrantes, como EUA, Grécia, Alemanha, Macedônia, Itália, Sérvia, Hungria, Áustria e Reino Unido, vêm adotando medidas de exceção contra estrangeiros por identificá-los como uma categoria de pessoas que ameaçam toda a sociedade, principalmente, no que tange ao terrorismo.

O que pretendemos aduzir é que essa forma de estigmatização do estrangeiro como sujeito que ameaça a sociedade e que, sendo assim, deve ser combatido, tem justificado medidas típicas de exceção em desacordo com a normativa internacional e interna desses países.

Sobre isso, defende Marco Antônio Marques da Silva que:

> Podemos identificar um estigma, reforçado e potencializado muitas vezes com a ajuda da mídia, quando se coloca os refugiados, os imigrantes e os estrangeiros como más pessoas, possivelmente criminosas. Além disso, em face dos inúmeros e infelizes ataques terroristas ocorridos em diversos países, não se tem a imprescindível separação entre estrangeiro, imigrante e refugiado. Assim, equivocadamente, tem-se como verdade absoluta que todo terrorista é estrangeiro, e, portanto, todo refugiado é um potencial terrorista, criando um perigoso círculo vicioso e pernicioso.[206]

Não importando a terminologia adotada, seja refugiado, imigrante ou estrangeiro, com seus respectivos estatutos jurídicos aplicáveis, a realidade é a de que milhares de pessoas estão morrendo no Mar Mediterrâneo em embarcações superlotadas, sem condições mínimas de higiene,

[206] SILVA, Marco Antonio Marques da. "Refugiados são pessoas, dignas e com direitos". *In*: PINTO, Eduardo Vera-Cruz; PERAZZOLO, José Rodolpho; SILVA, Marco Antonio Marques da; CICCO, Maria Cristina de (Coords.) *Refugiados, imigrantes e igualdade dos povos*. São Paulo: Quartier Latin, 2017, p. 959.

saúde e segurança. Muitos desses migrantes pretendem apenas construir uma vida digna num país com melhores oportunidades e estão sendo separados de suas famílias por decisões administrativas.

Alguns têm intenção de visitar, enquanto turistas, os monumentos históricos, arquitetônicos, culturais, outros, ainda, apenas querem visitar seus pais, filhos, familiares, amigos, colegas de profissão, querem dar aula ou participar de cursos, difundir e absorver conhecimento, muitos se veem barrados por sua cor, religião, nacionalidade, etnia, língua materna e origem familiar.

Frente a isso, parece que fechamos os olhos e nos recrudescemos à triste realidade posta que tem feito vítimas e deixado todo um contingente de pessoas tratadas como não-pessoas, sem direitos mínimos pela simples condição de ser humano, apenas seres viventes de uma vida nua, desprovidas de qualquer proteção política ou jurídica.

Dessa forma, apesar da existência de legislações internacional e nacional para tratar da pessoa que não é natural de um país, mas que com ele tem ou procura ter algum tipo de relação, o que vemos atualmente é que, cada vez mais, tais pessoas têm recebido dos Estados de destino o mesmo tratamento conferido aos inimigos, sem o mínimo de dignidade, vivendo à margem da sociedade como parcela excluída.

A essas pessoas são negados direitos básicos de sobrevivência, estigmatizadas desumanamente como aqueles que ameaçam o Estado e seus cidadãos e que, por isso, devem ser combatidos, criando medo social, aumento de xenofobia e legislações protecionistas dos países europeus e americanos que impõem cada vez mais medidas restritivas a essas pessoas.

No Direito Internacional Humanitário, os indivíduos se beneficiaram, ao menos formalmente, de proteções em conflitos armados desde que Henri Dunant estabeleceu o Comitê Internacional da Cruz Vermelha, em 1863, e convocou uma conferência dos Estados que produziram a Primeira Convenção de Genebra, em 1864.

O objetivo era simples: minimizar o sofrimento humano durante a guerra. Os métodos e os meios de guerra e a proteção oferecidos durante o conflito armado internacional foram submetidos a uma regulamentação adicional. Porém, a promessa de justiça em meio a uma guerra limitada. Além disso, a guerra foi vista, quase sempre, como a ausência de Direito.

O número total de conflitos diminuiu acentuadamente desde a Segunda Guerra Mundial, bem como as mortes globais agregadas. É possível inferir que esse declínio foi influenciado pelo Direito Internacional, incluindo a proibição do uso da força nos termos do artigo 2(4) da Carta das Nações Unidas, das quatro Convenções de Genebra, de 1949, e outros documentos internacionais. Contudo, outras estatísticas ilustram as deficiências do Direito Internacional durante o mesmo período.

Desde 1945, cerca de 80% das vítimas de guerra são de conflitos armados não internacionais.[207] Os princípios básicos do direito internacional – independência, igualdade, soberania e integridade territorial – limitam sua capacidade de se intrometer na esfera interna. O Protocolo II da Convenção foi finalmente adotado por consenso de 167 Estados Partes e aplicado igualmente ao governo doméstico e aos insurgentes.

Embora a proibição do uso da força pelos Estados, nas palavras de Weller, "seja a maior conquista da civilização do século XX",[208] e o Conselho de Segurança tenha assumido a responsabilidade primária pela manutenção da paz e da segurança internacionais, houve mais de cem grandes conflitos em todo o mundo, resultando em mais de vinte milhões de baixas. Durante o mesmo período, a ONU ficou impotente na maioria das crises, pois testemunhou quase trezentos vetos do Conselho de Segurança relativos à interferência em conflitos armados.[209]

---

[207] INTERNATIONAL COMMITTEE OF THE RED CROSS. "Protocol Additional to the Geneva Conventions of 12 August 1949, and relating to the Protection of Victims of Non-International Armed Conflicts (Protocol II), 8 June 1977". Disponível em: http://www.icrc.org/ihl/INTRO/475. Acesso em: 10 out. 2019.

[208] WELLER, Marc. *Iraq and the use of force in international law*. Oxford: Oxford University Press, 2010, p. 1. *Tradução livre.*

[209] BOUTROS-GHALI, B. "An agenda for peace – preventive diplomacy, peacemaking and peace-keeping". *Report of the Secretary-General pursuant to the statement adopted by the Summit Meeting of the Security Council*, on 21 January 1992. doc. A/47/277-S/2411. [s.l.]: ONU, 17 de junho de 1992. Disponível em: https://digitallibrary.un.org/record/144858. Acesso em: 29 ago. 2019.

A própria previsão do artigo 27(3) da Carta da ONU, de que apenas cinco membros permanentes têm poder de veto é resquício do período pré-guerra, de mentalidade neoimperialista. Os vitoriosos da Segunda Guerra Mundial ditariam e ditam, de fato, as intervenções do Conselho de Segurança nas ameaças e nos atos de aviltamento da segurança mundial, retirando do órgão a credibilidade em cuidar do tema da paz mundial. Não à toa, os maiores usuários desse poder até o momento foram a Rússia (ou URSS, a depender da época) e os Estados Unidos. Intitulo essa regra como uma previsão jurídica de abertura à exceção, como foi o artigo 48 da Constituição de Weimar.

Outra preocupação que defendo é que a instalação de um regime de exceção reside na intervenção unilateral. Brownlie define intervenção humanitária como "a ameaça ou uso da força armada por um Estado, uma comunidade beligerante ou uma organização internacional, tendo como finalidade a proteção dos direitos do homem".[210] Quando um Estado comete crueldades e exerce perseguição contra seu povo, nega as liberdades fundamentais e viola os direitos básicos pertencentes a toda a humanidade, o assunto deixa de ser de preocupação tão somente para esse Estado e até mesmo a intervenção, no interesse da proteção humanitária, pode ser juridicamente permitida.

Na prática, nem todas as intervenções pretendidas foram para propósitos genuinamente humanitários. A fraude de um pretexto falso instala a exceção no Direito Internacional. Além disso, por mais que sejam moralmente convincentes os argumentos sobre a intervenção em prol dos direitos humanos, não há espaço para intervenção humanitária unilateral dentro do espaço regulatório estabelecido pelos artigos 2(4) e 51 da Carta da ONU.

A prática dos Estados também não fornece uma base legal para a intervenção humanitária unilateral. Quando os Estados Unidos afirmam

---

[210] BROWNLIE, Ian. International Law and the Use of Force by States Revisited. Australian Year Book of International Law, vol. 21, 2000 *apud* PEREIRA, Maria de Assunção do Vale. *A Intervenção Humanitária no Direito Internacional Contemporâneo*. Coimbra: Coimbra Editora, 2009, p. 400.

ser a polícia e o julgador/executor do mundo, por força de seu poder econômico e político, suspende o Direito Internacional e instaura a exceção.

Mesmo quando se trata de intervenções coletivas sobre o escopo do Capítulo VII da Carta da ONU, existe o problema do poder de veto no Conselho de Segurança. O genocídio de Ruanda é talvez o maior exemplo do fracasso na intervenção coletiva na era pós-Guerra Fria.

A queda suspeita de um avião que transportava o presidente de Ruanda, Juvenal Habyarimana, e o presidente de Burundi, Cyprien Ntayamira, em 6 de abril de 1994, foi seguido por violência interna em grande escala. O Conselho de Segurança estava plenamente consciente da situação crítica pelo menos em 20 de abril, quando estabeleceu a Missão de Assistência das Nações Unidas em Ruanda (UNAMIR). Mas foi somente em 22 de junho de 1994, após cerca de 400.000 mortes, que a situação de Ruanda foi considerada uma "ameaça à paz" e a UNAMIR autorizou a operação multinacional do Capítulo VII da Carta da ONU "para fins humanitários", permitindo "todo o esforço necessário para alcançar os objetivos humanitários".[211] No final, mais de 800.000 morreram.

Esse famoso episódio sugere que o sistema internacional tinha os meios para reduzir as mortes e o conflito em si, mas a contingência da ação coletiva ofensiva de acordo com o Direito Internacional foi um fracasso. A política internacional, o interesse próprio e outros fatores extralegais determinam quando e como o Direito Internacional é usado.

Nem todas as situações de conflito armado são como em Ruanda, e o caso da intervenção nem sempre é claro. Por mais moralmente desejável que a intervenção coletiva possa ser, particularmente para fins humanitários, não há critérios inequívocos para determinar quando isso poderá ocorrer. O artigo 39 da Carta da ONU concede ao Conselho de Segurança uma ampla e irrestrita discricionariedade para determinar a

---

[211] ORGANIZAÇÃO DAS NAÇÕES UNIDAS. *Special Report of the Secretary-General on the United Nations Assistance Mission for Rwanda*. ONU doc. S/1994/470, de 20 de abril de 1994. Disponível em: https://undocs.org/pdf?symbol=en/S/PV.3368. Acesso em: 12 set. 2019.

existência de uma "ameaça à paz, ruptura da paz ou ato de agressão".[212] Este é um julgamento factual e político, não legal.

Grande parte das constituições do pós-Guerra é dedicada a estabelecer e monitorar procedimentos para supervisionar os modos do uso da força pelo Estado no exercício de sua soberania contra seus próprios cidadãos. O Direito Internacional contemporâneo também trata disso como parte de sua preocupação com os direitos humanos. Desde a segunda década do século XX, grandes programas foram montados no plano político internacional para criar e atribuir um monopólio semelhante às organizações internacionais.

Essas iniciativas foram acompanhadas de esforços para prescrever várias restrições e punições pelo uso ilegal da força dentro e entre os Estados. Se as prescrições legais no Direito Internacional sobre esses assuntos não se mostraram eficazes, isso não os impediu de se tornar uma importante viga do sistema, que se mostrou praticamente impenetrável à erosão pelas práticas, não importa quão dramaticamente elas divirjam dele. Novamente, mencionamos o preâmbulo da Carta das Nações Unidas:

> NÓS (...) RESOLVIDOS a preservar as gerações vindouras do flagelo da guerra, que por duas vezes, no espaço da nossa vida, trouxe sofrimentos indizíveis à humanidade (...) concordaram com a presente Carta das Nações Unidas e estabelecem, por meio dela, uma organização internacional que será conhecida pelo nome de Nações Unidas.[213]

Portanto, o objetivo de evitar a guerra é claro e foi universalmente aceito. O objetivo da Organização era, de fato, suprimir a guerra, fazer emergir e manter-se a paz. Se o preâmbulo falhou em banir a guerra da política internacional, conseguiu bani-la da Carta. A palavra "guerra" não se repete na Carta. O artigo 2(4) refere-se aos usos da força e os

---

212 ORGANIZAÇÃO DAS NAÇÕES UNIDAS. *Carta das Nações Unidas*. Rio de Janeiro: UNIC Rio de Janeiro, [s.d.], p. 29.

213 ORGANIZAÇÃO DAS NAÇÕES UNIDAS. *Carta das Nações Unidas*. Rio de Janeiro: UNIC Rio de Janeiro, 1948, pp. 3-4.

capítulos VI e VII, que tratam, com efeito, do início da guerra, evitam o termo. Em vez disso, o artigo 2(4) utiliza termos como a "manutenção de paz e segurança internacionais" e o artigo 39 diz sobre "ameaça à paz, violação da paz ou ato de agressão".

O texto normativo internacional, primordialmente o artigo 2(4) da Carta da ONU, preferiu o termo "força" ou "força militar". Assim, a Declaração sobre Relações Amigáveis, adotada pela Assembleia Geral, em 24 de outubro de 1970, é considerada como uma codificação dos princípios gerais, dito de outro modo, trata da força militar. Da mesma forma, a definição de agressão da Assembleia Geral, adotada em 14 de dezembro de 1974, declara, no artigo 1, "agressão é o uso da força armada por um Estado contra a soberania, integridade territorial ou independência política de outro Estado, ou de qualquer outra maneira inconsistente com a Carta das Nações Unidas".[214]

Porém, as várias iniciativas para controlar o uso da força não foram todas um sucesso. A ameaça e o uso da força militar tornaram-se uma vertente comum no tecido que sustenta uma ordem mínima. O fracasso dos acordos institucionais internacionais em monopolizar e manter efetivamente esse tecido significou que os Estados se sentiram compelidos a investir em arsenais e grande parte da manutenção da ordem mundial mínima continua a ser uma zona *offshore* do sistema jurídico internacional.

Os princípios contemporâneos que estabelecem as condições sob as quais os Estados podem recorrer à força militar, o *jus ad bellum*, começaram a tomar forma no início do século XX e foram amplamente codificados na Carta das Nações Unidas. A ameaça unilateral e discricionária ou o uso de força militar proativa, até então lícita, tornou-se doravante proibida. A força militar reativa deveria limitar-se à autodefesa contra um ataque armado de grande proporção e, mesmo assim, apenas na medida em que, e até que, a comunidade internacional pudesse prestar assistência a uma vítima de força militar ilegal.

---

214 UNITED NATIONS. *Resolution 3314 (XXIX) Definition of Aggression*. Now York: UN Gneneral Assembly, 14 dez. 1974. Disponível em: http://www.un-documents.net/a29r3314.htm. Acesso em: 20 out. 2020.

Assim, de acordo com Carta, o *jus ad bellum* proíbe todos os exercícios de força proativos. Tudo o que restava do *jus ad bellum* era uma ação militar reativa para fins de legítima defesa e que era permitida apenas na ocasião de sofrer um ataque armado e, mesmo assim, apenas até que o Conselho de Segurança pudesse responder.

As teorias de guerra justa foram anteriores e, para aqueles que aderem ao conceito, continuam a ser uma justificativa independente da estrutura da Carta para o uso da força. As teorias de guerra justa, por si só, não são incompatíveis com o acordo da Carta, na medida em que são aplicadas apenas à questão de saber se o Conselho de Segurança, agindo de acordo com a Carta, deve autorizar ou aplicar a força militar em casos particulares.

Entretanto, a teoria da guerra justa desafia a Carta quando seus argumentos são invocados para justificar uma ação unilateral não autorizada pelo Conselho. Então, o método filosófico do direito natural está sendo tratado não apenas como uma fonte independente do direito internacional, mas como um método que pode superar os arranjos constitutivos mais básicos. A intervenção humanitária, deve-se notar, não é necessariamente uma doutrina da guerra justa, na medida em que se baseia em violações de casos específicos de direitos humanos protegidos internacionalmente, e considerados fundamentais para toda a comunidade internacional.

A ação da exceção, nos nossos tempos, é tão sutil quanto a criação, pelos EUA, em 2019, de uma Comissão de Direitos Inalienáveis. A princípio, uma excelente e vanguardista ideia para a promoção dos direitos humanos no país. Entretanto, não é a isso que a Comissão se presta, mas a realizar uma proposital releitura dos limites dos direitos fundamentais para que sirva de assessoramento aos órgãos governamentais estadunidenses em sua política exterior. Sim, uma releitura doméstica americana sobre o escopo de cada um dos direitos humanos.

Mike Pompeo, secretário de Estado que anunciou a medida, disse claramente que a Comissão "will provide the intellectual grist of what I hope will be one of the most profound re-examinations of inalienable rights in the world since the 1948 Universal Declaration",[215] em claro

---

[215] POMPEO, Mike. "Speech addressed to the Commission on Unalienable Rights"

tom de releitura estadunidense de direitos universalmente consagrados, sobretudo sob o escopo religioso e questionador, como disse:

> (...) the Commission will revisit the most basic of questions, what does it mean to say or claim that something is in fact a human right?; how do we know or how do we determine whether a claim that this or that is a human right is true and therefore ought to be honored?; is it in fact true as our Declaration of Independence asserts that as human beings, we, all of us, every member of our human family are endowed by our Creator with certain unalienable rights?[216]

A ONG *Human Rights Watch* demonstrou grande preocupação com essa iniciativa: "A Comissão foi indevidamente estabelecida como mais uma tentativa vergonhosa deste governo de desmontar as proteções do direito internacional dos direitos humanos",[217] disse Nancy Northup, diretora do *Center for Reproductive Rights* e uma das subscritoras de uma carta capitaneada pela HRW, com 167 assinaturas de indivíduos e organizações.

Isso posto, categoriza-se o que vimos como exceção, pois os Estados que detêm grande poderio econômico-político, notadamente os Estados Unidos, não expõem claramente que a suspensão momentânea do Direito Internacional que perpetuam é contra os direitos humanos

---

Apud MORELLO, Carol. "State department to name panel focused on human rights and natural law". *Washington Post*, Washington, 08 jul. 2019. Disponível em: https://www.washingtonpost.com/world/national-security/state-department-to-name-panel-focused-on-human-rights-and-natural-law/2019/07/06/3bfe001e-9f54-11e9-b27f-ed2942f73d70_story.html. Acesso em: 02 mai. 2020.

216 MORELLO, Carol. "State department to name panel focused on human rights and natural law". *Washington Post*, Washington, 08 jul. 2019. Disponível em: https://www.washingtonpost.com/world/national-security/state-department-to-name-panel-focused-on-human-rights-and-natural-law/2019/07/06/3bfe001e-9f54-11e9-b27f-ed2942f73d70_story.html. Acesso em: 02 mai. 2020.

217 HUMAN RIGHTS WATCH. *EUA: Comissão sobre Direitos Inalienáveis não deve excluir direitos*, 01 de maio de 2020. Disponível em: https://www.hrw.org/pt/news/2020/05/01/341571. Acesso em: 02 mai. 2020.

ou contra o direito humanitário. Forja-se a situação de emergência, uma suposta necessidade de, urgentemente, garantir a segurança nacional, a segurança internacional ou manter a paz. É a apropriação privada e autoritária, nas palavras de Luiz Nascimento,[218] dos direitos, do Direito e de sua interpretação. É através da fraude discursiva e da realização prática da suspensão da ordem que se instaura da exceção.

---

[218] NASCIMENTO, Luiz Eduardo Gomes do. *As antinomias do Direito na modernidade periférica*. Paulo Afonso: SABEH, 2018.

CONSIDERAÇÕES FINAIS

Quanto à soberania interna, há vasta doutrina no sentido de sua mitigação por fatores externos, o Direito Internacional, notadamente o Direito Internacional dos Direitos Humanos e o Direito Internacional Humanitário, que condiciona seu exercício com balizas jurídicas de proteção ao ser humano.

Todavia, o debate deste trabalho foi a metamorfose das soberanias internacional e de Vestfália, que dão sentido à atuação externa do Estado. Uma das ideias mais compartilhadas pelo ramo do Direito Internacional, sobretudo no realismo jurídico, é a de que o que determina a ação no campo internacional é o poder *de facto* de um dado Estado perante os demais, sendo que esse poder, em caráter último, é visto como poderio político e militar ou bélico, e quando o Direito e o poder conflitam, o Direito sempre perde.

Como expõe James Crawford, "*powerful States will only 'obey' International law when it is in their perceived interest to do so*".[219] Tem-se que o Direito Internacional seria a antítese do Direito, ou seja, é aquilo que se tem quando falta o Direito, portanto, espaço de anomia e caos.

De fato, esse era o cenário dos anos 1930. Após o final da Segunda Guerra Mundial, na reconstrução dos Direitos Humanos do pós-guerra,

---

[219] CRAWFORD, James. *Chance, order, change*: The course of international law. Haia: Brill, Martinus Nijhoff Publisher, 2013, p. 29.

temos a emergência do Direito Internacional dos Direitos Humanos, de um lado, e, de outro, a emergência da nova feição do Direito Constitucional ocidental, aberto a princípios e a valores, com ênfase no valor da dignidade humana.

No âmbito do Direito Internacional, começa a ser delineado o sistema normativo internacional de proteção dos Direitos Humanos vocacionado a proteger os direitos fundamentais e a limitar o poder do Estado, mediante a criação de um aparato internacional de proteção dos direitos.

O Poder Constituinte soberano criador de constituições está, hoje, longe de ser um sistema autônomo que gravita em torno da soberania do Estado, bem como as funções do Estado no exercício da soberania internacional, até porque, como vimos, a soberania estatal encontra barreiras de atuação interna e externa no Direito Internacional.

Essas barreiras são o núcleo duro do Direito Internacional, isto é, o *jus cogens*, que tem disposições do Direito Internacional dos Direitos Humanos e do Direito Internacional Humanitário, bem como independem do consentimento do Estado para serem imperativas. É o *common ground* jurídico internacional, a moralidade pública comum, as considerações elementares da humanidade, e o patamar mínimo de proteção humana adquirido por um processo histórico-político.

O discurso do Direito Internacional como proteção humana demorou cerca de meio século para ser deturpado em prol da exceção, em prol dos interesses político-armamentista-econômicos dos países-fundadores das primeiras noções do Direito Internacional. A nova arena era e é a ebulição da proteção humana de outro nível, a transcendência da pirâmide elaborada com base em Kelsen, o fechamento da proteção humana para além do Estado e apesar do Estado. Contudo, a exceção sempre encontra um caminho, e no Direito Internacional, ela foi arranjar uma justificativa para toda e qualquer prática *a priori* proibida e violadora de si mesma, mas com justificativa em normativas do próprio sistema ou em conceitos clássicos como a soberania.

A reiterada suspensão das normas que constituem um patamar mínimo de proteção humana, de forma patológica, configura medidas de exceção. Os Estados que têm maior vantagem político-econômico-financeira imprimem sobre os demais e sobre os indivíduos um regime de exceção. Há clara fraude na demonstração do pretexto que, aparentemente, autoriza a atuação desse Estado, seja como intervenção humanitária, intervenção militar ou qualquer modalidade de uso da força, além do típico discurso da provisoriedade ou da temporariedade.

Se perdermos esse *common ground* jurídico internacional pela sua patológica e proposital suspensão, perdemos o espírito principal do Direito Internacional, que é a comunicação às nações de que temos uma moral comum, que vivemos num plano de coexistência pacífica com a proteção dos indivíduos como prioridade coletiva universal.

Há um refinamento, portanto, na atuação da exceção no século XXI. Não mais se decretam estados de exceção. É quase imperceptível, principalmente na seara internacional, notadamente caótica e cujo regime jurídico ainda é pouco endossado pelos estudiosos e pelos próprios Estados. Eis os aspectos da exceção no Direito Internacional.

REFERÊNCIAS BIBLIOGRÁFICAS

AGAMBEN, Giorgio. *A Linguagem e a morte*: um seminário sobre o lugar da negatividade. Tradução de Henrique Burigo. Belo Horizonte: Editora UFMG, 2006.

_____. *Estado de exceção*: Homo sacer, II, 1. Tradução de Iraci D. Poleti. 2. ed. São Paulo: Boitempo Editorial, 2004.

AMARAL JR., Wellington Gontijo do. *As políticas de imigração dos Estados Unidos*: entre o ativismo restricionista e o paradigma de *enforcement* imigratório contemporâneo. Dissertação (Mestrado em Ciência Política) – Faculdade de Filosofia, Letras e Ciências Humanas da Universidade de São Paulo, São Paulo, 2010.

ANGELL, Norman. *A grande ilusão*. Tradução de Sérgio Bath. Brasília: Editora Universidade de Brasília, Instituto de Relações Internacionais; São Paulo: Imprensa Oficial do Estado de São Paulo, 2002.

ARON, Raymond. *Mémoires*: 50 ans de réflexion politique. Paris: Julliard, 1983.

_____. *Paz e guerra entre as nações*. Tradução de Sérgio Bath. Brasília: Editora Universidade de Brasília, Instituto de Relações Internacionais; São Paulo: Imprensa Oficial do Estado de São Paulo, 2002.

BADIOU, Alain. *Saint Paul*: the foundation of universalism. Tradução de Ray Brassier. Stanford: Stanford University Press, 2003. (Cultural memory in the present).

BEITZ, Charles. *The Idea of Human Rights*. Oxford: Oxford University Press, 2009.

BENJAMIN, Walter. *Magia e técnica, arte e política*: ensaios sobre literatura e história da cultura. Tradução de Sérgio Paulo Rouanet. 7. ed. São Paulo: Brasiliense, 1994.

BENNOUNA, Mohamed. *Le droit international entre la lettre et l'esprit*. Haia: Brill, Martinus Nijhoff Publisher, 2017. (Pocket books of The Hague Academy of International Law, vol. 31).

BERCOVICI, Gilberto. *Constituição e Estado de exceção permanente*: atualidade de Weimar. Rio de Janeiro: Azougue Editorial, 2004.

_____. *Soberania e constituição*: para uma crítica do constitucionalismo. 2. ed. São Paulo: Quartier Latin, 2013.

BOBBIO, Norberto. *A era dos direitos*. Tradução de Carlos Nelson Coutinho. Rio de Janeiro: Elsevier, 2004.

BODIN, Jean. *Les six livres de la République*. Paris: Jacques du Puy, 1576.

_____. *The six books of a Commonweale*. Londres: Impenfis G. Bishop, 1606.

BOUTROS-GHALI, B. "An agenda for peace – preventive diplomacy, peacemaking and peace-keeping". *Report of the Secretary-General* pursuant *to the statement adopted by the Summit Meeting of the Security Council*, on 21 January 1992. doc. A/47/277-S/2411. [*S. l.*]: ONU, 17 de junho de 1992. Disponível em: https://digitallibrary.un.org/record/144858. Acesso em: 29 ago. 2019.

BRASIL. *Decreto n. 2.754, de 27 de agosto de 1998*. Promulga o Protocolo Adicional à Convenção Americana sobre Direitos Humanos Referente à Abolição da Pena de Morte, adotado em Assunção, em 8 de junho de 1990, e assinado pelo Brasil em 7 de junho de 1994. Brasília, DF: Presidência da República. Disponível em: http://www.planalto.gov.br/ccivil_03/decreto/D2754.htm. Acesso em: 12 set. 2019.

BRASIL. *Decreto n. 7.030, de 14 de dezembro de 2009*. Promulga a Convenção de Viena sobre o Direito dos Tratados, concluída em 23 de maio de 1969, com reserva aos Artigos 25 e 66. Brasília, DF: Presidência da República. Disponível em: http://www.planalto.gov.br/ccivil_03/_Ato2007-2010/2009/Decreto/D7030.htm. Acesso em: 12 set. 2019.

BRASIL. *Decreto n. 19.841, de 22 de outubro de 1945*. Promulga a Carta das Nações Unidas, da qual faz parte integrante o anexo Estatuto da Corte

Internacional de Justiça, assinada em São Francisco, a 26 de junho de 1945, por ocasião da Conferência de Organização Internacional das Nações Unidas. Brasília, DF: Presidência da República. Disponível em: http://www.planalto.gov.br/ccivil_03/decreto/1930-1949/D19841.htm. Acesso em: 12 set. 2019.

BUSH, George W. "Address to a Joint Session of Congress Following 9/11 Attacks". *American Rhetoric*, Washington, 20 set. 2011. Disponível em: https://www.americanrhetoric.com/speeches/PDFFiles/George%20W.%20Bush%20-%20Joint%20Session%20Address%20on%20Terrorist%20Attacks.pdf. Acesso em: 5 out. 2017.

CAMILLERI, Joseph; FALK, Jim. *The end of sovereignty*: the politics of a shrinking and fragmenting world. Cheltenham; Northampton: Edward Elgar, 1992.

CANNING, Joseph. *A history of the medieval political thought 300-1450*. Londres; Nova Iorque: Routledge, 1996.

CARLYLE, Robert W.; CARLYLE, A. J. *A history of medieval political theory in the West*. vol. 3. Edinburgh: William Blackwood & Sons, 1963.

CARREAU, Dominique. *Droit international*. 7. ed. Paris: Pedone, 2001.

CASARA, Rubens R. *Estado pós-democrático*: neo-obscurantismo e gestão dos indesejáveis. Rio de Janeiro: Civilização Brasileira, 2017.

COMISSÃO INTERAMERICANA DE DIREITOS HUMANOS. *Informe sobre terrorismo y derechos humanos*: Prefácio. 22 out. 2002. Disponível em: http://www.cidh.org/terrorism/span/prefacio.htm. Acesso em: 5 out. 2017.

COMPARATO, Fábio Konder. *A afirmação histórica dos direitos humanos*. 12. ed. São Paulo: Saraiva, 2019.

COX, Robert W. "An Alternative Approach to Multilateralism in the Twenty First Century". *Global Governance: A Review of Multilateralism and International Organizations*, vol. 3, n. 1, pp. 103-116, ago. 1997.

CRAWFORD, James. *Chance, order, change*: the course of international law, general course on public international law. Haia: Brill, Martinus Nijhoff Publisher, 2013. (Pocket books of The Hague Academy of International Law, vol. 21).

DWORKIN, Ronald. "A New Philosophy of International Law". *Philosophy and Public Affairs*, Nova Jersey, vol. 41, n.1, pp. 2-30, abr. 2013. Disponível em: https://doi.org/10.1111/papa.12008.

_____. *O império do direito*. Tradução de Jefferson Luiz Camargo. São Paulo: Martins Fontes, 2014.

DYZENHAUS, David. *Legality and legitimacy*: Carl Schmitt, Hans Kelsen and Hermann Heller in Weimar. Oxford: Oxford University Press, 1999.

EUROPEAN COURT OF HUMAN RIGHTS. *European Convention on Human Rights*: as amended by Protocols Nos. 11 and 14, supplemented by Protocols Nos. 1, 4, 6, 7, 12, 13 and 16. Estrasburgo, [s.d.]. Disponível em: http://www.echr.coe.int/Documents/Convention_ENG.pdf. Acesso em: 5 out. 2017.

_____. *Convenção Europeia dos Direitos do Homem*. Roma, 1950. Disponível em: https://www.echr.coe.int/documents/convention_por.pdf. Acesso em: 12 set. 2019.

FIGGIS, John Neville. *The divine right of kings*. Cambridge: Cambridge University Press, 1914.

FORSYTHE, David P. *Human rights and world politics*. Lincoln: University of Nebraska Press, 1983.

GEWIRTH, Alan. *Marsilius of Padua*. vol. 2. New York: Columbia University Press, 1951.

GLENDON, Mary Ann. "Propter Honoris Respectum: Knowing the Universal Declaration of Human Rights". *Notre Dame Law Review*, [*S. l.*], vol. 73, n. 5, pp. 1153-1190, 1998.

GONZAGA, Álvaro de Azevedo. "Direito natural e jusnaturalismo". *In*: CAMPILONGO, Celso Fernandes; GONZAGA, Alvaro de Azevedo; FREIRE, André Luiz (Coords.). *Enciclopédia jurídica da PUC/SP*: Tomo: Teoria Geral e Filosofia do Direito. 1. ed. São Paulo: Pontifícia Universidade Católica de São Paulo, 2017. Disponível em: https://enciclopediajuridica.pucsp.br/verbete/63/edicao-1/direito-natural-e-jusnaturalismo. Acesso em: 20 ago. 2019.

GOUPY, Marie. "L'état d'exception, une catégorie d'analyse utile? Une réflexion sur le succès de la notion d'état d'exception à l'ombre de la pensée de Michel Foucault". *Revue interdisciplinaire d'études juridiques*, Bruxelas, vol. 79, n. 2, pp. 97-111, 2017.

GOUPY, Marie. *L'état d'exception ou l'impuissance autoritaire de l'État à l'époque du libéralisme*. Paris: CNRS Éditions, 2016.

GROTIUS, Hugo. *Commentary on the law of prize and booty*. Edited and with an introduction by Martine Julia van Ittersum. Indianapolis: Liberty Fund, 2006. (Natural Law and Enlightenment Classics).

_____. *De iure praedae*. Edição bilíngüe. Tradução, introdução e notas de Primitivo Mariño Gomez. Madri: Centro de Estudios Constitucionales, 1987.

_____. *O direito da guerra e da paz*. vol. 1. Tradução de Ciro Mioranza. Ijuí: Unijuí, 2005. (Coleção clássicos do direito internacional).

HINSLEY, F. H. *Sovereignty*. Second Edition. Cambridge: Cambridge University Press, 1986.

HOBBES, Thomas. *Do cidadão*. Tradução, apresentação e notas de Renato Janine Ribeiro. São Paulo: Martins Fontes, 1998.

HOBBES, Thomas. *Leviatã ou Matéria, forma e poder de um estado eclesiástico e civil*. Tradução de João Paulo Monteiro e Maria Beatriz Nizza da Silva. 2. ed. São Paulo: Abril Cultural, 1979.

HUMAN RIGHTS WATCH. "EUA: Comissão sobre Direitos Inalienáveis não deve excluir direitos", *Human Rights Watch*, 1 mai. 2020. Disponível em: https://www.hrw.org/pt/news/2020/05/01/341571. Acesso em: 02 mai. 2020.

HUSEK, Carlos Roberto. *A nova (des)ordem internacional*: ONU – uma vocação para a paz. São Paulo: RCS, 2007.

INTERNATIONAL COMMITTEE OF THE RED CROSS. *Protocol Additional to the Geneva Conventions of 12 August 1949, and relating to the Protection of Victims of Non-International Armed Conflicts* (Protocol II), 8 Jun. 1977. Disponível em: http://www.icrc.org/ihl/INTRO/475. Acesso em: 10 out. 2019.

INTERNATIONAL COURT OF JUSTICE. "Corfu Channel Case (United Kingdom v. Albania); Assessment of Compensation", *International Court of*

Justice, pp. 244-251, 15 dez. 1949. Disponível em: https://www.refworld.org/cases,ICJ,402398c84.html. Acesso em 02 de maio de 2020.

JAEGER, Werner. *Paideia:* a formação do homem grego. Tradução de Artur M. Parreira. 4. ed. São Paulo: Martins Fontes, 2001.

JENKINS, Brian Michael. "Why a Travel Restriction Won't Stop Terrorism at Home". *The Rand Blog*, 10 fev. 2017. Disponível em: https://www.rand.org/blog/2017/02/why-a-travel-restriction-wont-stop-terrorism-at-home.html#. Acesso em: 2 out. 2017.

JOURNAL DE DROIT EUROPÉEN. *Actualités, Asile et migration, Statut de réfugié d'une personne ayant participé à un réseau terroriste*, n. 238, abr. 2017.

KANT, Immanuel. "Idea for a universal history with a cosmopolitan purpose". *In*: KANT, Immanuel. *Political writings*. Cambridge: Cambridge University Press, 1991. pp. 41-53.

_____. *Para a paz perpétua*. Ensaio introdutório de Joám Evans Pim. Tradução de Bárbara Kristensen. Rianxo: Instituto Galego de Estudos de Segurança Internacional e da Paz, 2006. (Ensaios sobre paz e conflitos, vol. V).

_____. *The metaphysics of morals*. Introduction, translation, and notes by Mary Gregor. Cambridge: Cambridge University Press, 1996.

_____. "Fundamentação da metafísica dos costumes". *In*: KANT, Immanuel. *Textos selecionados*. Seleção de textos de Marilena de Souza Chauí. Tradução de Maria Bernkopf, Paulo Quintela e Rubens Rodrigues Torres Filho. São Paulo: Abril Cultural, 1974. pp. 101-162.

KDHIR, Moncef. *Dictionnaire Juridique de la Cour Internationale de Justice*. Bruxelas: Bruylant, 2000.

KELSEN, Hans. *Das Problem der Souveränität und die Theorie des Völkerrechts*. 2. ed. Tübingen: Zweite, Photomechanisch Gedruckte Auflage, 1928.

_____. *Il problema della sovranità e la teoria del diritto internazionale*: contributo per um dottrina pura del diritto. Milão: Giuffrè, 1989.

_____. *Introduction to the problems of legal theory*. Tradução da primeira edição da Teoria Pura do Direito. Tradução para o inglês de Bonnie Litschewski Paulson, Stanley L. Paulson. Oxford: Oxford University Press, 1992.

_____. "Sovereignty". *In*: PAULSON, Bonnie Litschewski; PAULSON,

Stanley L. (Coords.). *Normativity and norms*: critical perspectives on Kelsenian themes. Tradução para o inglês de Bonnie Litschewski Paulson, Stanley L. Paulson e Michael Sherberg. Oxford, Nova Iorque: Oxford University Press, 2007. pp. 525-536.

_____. *Teoria pura do direito*. Tradução de João Baptista Machado. São Paulo: Martins Fontes, 2009.

KLEIN, Pierre. *Le droit international à l'épreuve du terrorisme*. Leiden: Martinus Nijhoff Publishers, 2006.

KOSKENNIEMI, Martti. *From apology to utopia*: the structure of international legal argument. Cambridge: Cambridge University Press, 2005.

_____. *The gentle civilizer of nations*: the rise and fall of international law 1870-1960. Cambridge: Cambridge University Press, 2001.

KRASNER, Stephen D. (Coord.). *Problematic sovereignty*: contested rules and political possibilities. Nova Iorque: Columbia University Press, 2001.

_____. "The Hole in the Whole: Sovereignty, Shared Sovereignty, and International Law". *Michigan Journal of International Law*, [*S. l.*], vol. 25, n. 4, pp. 1075-1101, 2004.

KRITSCH, Raquel. *Soberania*: a construção de um conceito. São Paulo: Humanitas/FFLCH/USP, 2002.

KUNZ, Josef Laurenz. "La crise et les transformations du droit des gens". *In* : Recueil de Cours. Académie de Doirt International de La Haye, vol. 88, 1955.

LAURENS, Henry. "Le terrorisme comme personnage historique". *In*: LAURENS, Henry; DELMAS-MARTY, Mireille (Coord.). *Terrorismes:* histoire et droit. Paris: CNRS Éditions, 2010.

LAUTERPACHT, Hersch. *The function of law in the international community*. Oxford: Oxford University Press, 2011.

LOCKE, John. *Segundo tratado sobre o governo civil e outros escritos*: ensaio sobre a origem, os limites e os fins verdadeiros do governo civil. Introdução de J.W. Gough. Tradução de Magda Lopes e Marisa Lobo da Costa. Petrópolis: Vozes, 1994.

MACEDO JR., Ronaldo Porto. *Carl Schmitt e a fundamentação do direito*.

Tradução de Peter Neumann. 2. ed. São Paulo: Saraiva, 2011. (Coleção direito, desenvolvimento e justiça. Série Produção científica).

MACEDO JR., Ronaldo Porto. *Carl Schmitt e a fundamentação do direito*. São Paulo: Max Limonad, 2001.

MACHADO, Jónatan. *Direito Internacional:* Do paradigma clássico ao pós-11 de setembro. 3. ed. Coimbra: Coimbra Editora, 2006.

MALTHUS, Thomas Robert. *Ensaio sobre o princípio da população*. Brasil: LeBooks, 2017. (Coleção Economia Política).

MAQUIAVEL, Nicolau. *O príncipe*. Tradução de Maurício Santana Dias. Prefácio de Fernando Henrique Cardoso. Tradução dos apêndices de Luiz A. de Araújo. São Paulo: Penguin Classics Companhia das Letras, 2010.

MARX, Karl. *O 18 de brumário de Luís Bonaparte*. Tradução Nélio Schneider. São Paulo: Boitempo, 2011.

MORELLO, Carol. "State department to name panel focused on human rights and natural law". *Washington Post*, Washington, 08 jul. 2019. Disponível em: https://www.washingtonpost.com/world/national-security/state-department-to-name-panel-focused-on-human-rights-and-natural-law/2019/07/06/3bfe001e-9f54-11e9-b27f-ed2942f73d70_story.html. Acesso em: 02 mai. 2020.

MORGENTHAU, Hans J. *A política entre as nações*. Brasília: Universidade de Brasília, 2003.

NARDIN, Terry. *Law, morality and the relations among states*. Princeton: Princeton University Press, 1983.

NASCIMENTO, Luiz Eduardo Gomes do. *As Antinomias do Direito na modernidade periférica*. Paulo Afonso: SABEH, 2018.

NEGRI, Antonio. "O Copérnico do pensamento". *Folha de São Paulo*, São Paulo, 12 out. 2003. Caderno Mais. Disponível em: https://www1.folha.uol.com.br/fsp/mais/fs1210200308.htm. Acesso em: 11 out. 2019.

NEGRI, Antonio; HARDT, Michael. *Assembly*. Nova Iorque: Oxford University Press, 2017.

_____. *Império*. Tradução de Berilo Vargas. 10. ed. Rio de Janeiro: Record, 2012.

OFFICE OF THE HIGH COMMISSIONER OF HUMAN RIGHTS. *Recommended Principles and Guidelines on Human Rights at International Borders*. Genebra, 2016. Disponível em: http://www.ohchr.org/Documents/Issues/Migration/OHCHR_Recommended_Principles_Guidelines.pdf. Acesso em: 19 set. 2017.

OFFICE OF THE HIGH COMMISSIONER OF HUMAN RIGHTS. *Declaração Universal dos Direitos Humanos*. Disponível em: https://www.ohchr.org/EN/UDHR/Pages/Language.aspx?LangID=por. Acesso em: 19 set. 2017.

ORGANIZAÇÃO DAS NAÇÕES UNIDAS. *Special Report of the Secretary-General on the United Nations Assistance Mission for Rwanda*. ONU doc. S/1994/470, de 20 de abril de 1994. Disponível em: https://undocs.org/pdf?symbol=en/S/PV.3368. Acesso em: 12 set. 2019.

_____. *Carta das Nações Unidas*. Rio de Janeiro: UNIC Rio de Janeiro, Disponível em: https://brasil.un.org/pt-br/91220-carta-das-nacoes-unidas. Acesso em: 29 ago. 2019.

ORGANIZAÇÃO DOS ESTADOS AMERICANOS. Comissão Interamericana de Direitos Humanos, *Caso Juan Carlos Abella v. Argentina*. San José, 18 de novembro de 1997. Disponível em: https://www.cidh.oas.org/annualrep/97span/Argentina11.137.htm. Acesso em: 12 set. 2019.

_____. Relatoria Especial para a Liberdade de Expressão da OEA. *Declaração Conjunta sobre Programas de Vigilância e seu Impacto na Liberdade de Expressão*, 21 de junho de 2013. Relatoria Especial para a Liberdade de Expressão da OEA. Disponível em: http://www.oas.org/pt/cidh/expressao/showarticle.asp?artID=926&lID=4. Acesso em: 3 out. 2017.

PADUA, Marsilius. *The defender of the peace*. Tradução para o inglês de Annabel Brett. Cambridge: Cambridge University Press, 2005.

PEREIRA, Maria de Assunção do Vale. *A Intervenção Humanitária no Direito Internacional Contemporâneo*. Coimbra: 2009.

PIOVESAN, Flávia. *Direitos humanos e justiça internacional*. 9. ed. São Paulo: Saraiva, 2019.

POST, Harry. "Classification of the rules of International Law according to spheres of validity". *Netherlands Yearbook of International Law*, Haia, vol. 7, pp. 157-195, 1976.

POULANTZAS, Nicos. "The Political Crisis and the Crisis of the State". *In*: FREIBERG, J. W. (Coord.). *Critical sociology*: European perspectives. Nova Iorque: Irvington, 1979. pp. 357-393.

RAWLS, John. *Lectures on the history of political philosophy*. Cambridge, MA; Londres: Harvard University Press, 2007.

_____. *O direito dos povos*. Tradução de Luís Carlos Borges. São Paulo: Martins Fontes, 2001.

RIBEIRO, Gustavo Cezar. "Bodin, Maquiavel, Hobbes e as formulações originárias da soberania". *In*: 39º ENCONTRO ANUAL DA ANPOCS. GT 39 TEORIA POLÍTICA E PENSAMENTO POLÍTICO BRASILEIRO – NORMATIVIDADE E HISTÓRIA. Disponível em: http://www.anpocs.com/index.php/papers-39-encontro/gt/gt39/9813-bodin-maquiavel-hobbes-e-as-formulacoes-originarias-da-soberania/file. Acesso em: 03 mar. 2019.

ROBERTSON, Roland. *Globalization*: social theory and global culture. London: Sage, 1992.

RUDOLPH, Christopher. *National security and immigration*: policy development in the United States and Western Europe since 1945. Stanford: Stanford University Press, 2006.

SCHEUERMAN, William. "Rethinking crisis government". *Constellations: an International Journal of Critical and Democratic Theory*, vol. 9, n. 4, pp. 492-505, dez. 2002.

SCHMITT, Carl. *Le categorie del político*. Bologna: il Mulino, 1972.

_____. *Political theology*: four chapters on the concept of sovereignty. Tradução de George Schwab. Chicago: University of Chicago Press, 2005.

_____. *Teologia política*. Tradução de Elisete Antoniuk. Belo Horizonte: Del Rey, 2006.

SERRANO, Pedro Estevam Alves Pinto. *Autoritarismo e golpes na América Latina*: breve ensaio sobre jurisdição e exceção. São Paulo: Alameda, 2016.

_____. "Medidas de exceção e o autoritarismo líquido do século XXI". *Revista Fórum*, 22 nov. 2019. Disponível em: https://revistaforum.com.br/blogs/aterraeredonda/medidas-de-excecao-e-o-autoritarismo-liquido-do-seculo-xxi-por-pedro-serrano/. Acesso em: 22 nov. 2019.

_____. "Refugiados e exceção". *In*: PINTO, Eduardo Vera-Cruz; PERAZZOLO, José Rodolpho; SILVA, Marco Antonio Marques da; CICCO, Maria Cristina de (Coords.). *Refugiados, imigrantes e igualdade dos povos*. São Paulo: Quartier Latin, 2017. pp. 1101-1116.

SILVA, Marco Antonio Marques da. "Refugiados são pessoas, dignas e com direitos". *In*: PINTO, Eduardo Vera-Cruz; PERAZZOLO, José Rodolpho; SILVA, Marco Antonio Marques da; CICCO, Maria Cristina de (Coords.) *Refugiados, imigrantes e igualdade dos povos*. São Paulo: Quartier Latin, 2017, pp. 953-962.

STRAUSS, Leo. *Direito natural e história*. São Paulo: WMF Martins Fontes, 2014.

TRINDADE, Antônio Augusto Cançado. *International law for humankind*: towards a new *jus gentium* I. Haia: Martinus Nijhoff, 2006.

UNITED NATIONS. *Resolution 3314 (XXIX) Definition of Aggression*. New York: UN Gneneral Assembly, 14 dez. 1974. Disponível em: http://www.un-documents.net/a29r3314.htm. Acesso em: 20 out. 2020.

VALIM, Rafael. *Estado de exceção*: a forma jurídica do neoliberalismo. São Paulo: Editora Contracorrente, 2017.

VERDROSS, Alfred. *Die Einheit des rechtlichen Weltbildes auf Grundlage der Völkerrechtsverfassung*. Tübingen: J. C. B. Mohr, 1923.

VON CLAUSEWITZ, Carl. *Da guerra*. Tradução de Maria Teresa Ramos. 3. ed. São Paulo: WMF Martins Fontes, 2010.

WALKER, Neil. *Sovereignty in transition*. Cambridge: Cambridge University Press, 2003.

WARDE, Walfrido; VALIM, Rafael (Coords.). *As consequências da COVID-19 no Direito brasileiro*. São Paulo: Editora Contracorrente, 2020.

WELLER, Marc. *Iraq and the use of force in international law*. Oxford: Oxford University Press, 2010.

WILKS, Michael. *The problem of sovereignty in the later middle ages*: the papal monarchy with Augustinus Triumphus and the Publicists. Cambridge: Cambridge University Press, 2008.

ZAFFARONI, Eugelio Raúl. *O inimigo no direito penal*. Tradução de Sérgio Lamarão, 3. ed. Rio de Janeiro: Revan, 2011. (Coleção pensamento criminológico).

NOTAS

NOTAS

NOTAS

NOTAS

NOTAS

NOTAS

A Editora Contracorrente se preocupa com todos os detalhes de suas obras!
Aos curiosos, informamos que este livro foi impresso no mês de abril de 2021,
em papel Pólen Soft 80g, pela Gráfica Copiart.